MANUAL DE PÓS-GRADUAÇÃO
"LATO SENSU" EM DIREITO

DJALMA BITTAR

*Advogado, Mestre e Doutor em Direito do Estado pela PUC/SP,
ex-Professor de Direito Tributário pela mesma Universidade de 1985 a 2006
e ex-Juiz do Tribunal de Impostos e Taxas do Estado de São Paulo de 1981 a 2006.
Membro do Instituto dos Advogados de São Paulo.*

MANUAL DE PÓS-GRADUAÇÃO "*LATO SENSU*" EM DIREITO

Dados Internacionais de Catalogação na Publicação (CIP)
(Câmara Brasileira do Livro, SP, Brasil)

Bittar, Djalma
   Manual de pós-graduação "lato sensu" em direito / Djalma Bittar. — São Paulo : LTr, 2008.

Bibliografia.

ISBN 978-85-361-1189-6

1. Direito — Estudo e ensino (pós-graduação) I. Título.

08-05864   CDU-34(07)

Índice para catálogo sistemático:

1. Direito : Pós-graduação : Lato sensu : Manuais
   34(07)

Produção Gráfica e Editoração Eletrônica: **LINOTEC**
Capa: **FABIO GIGLIO**
Impressão: **COMETA GRÁFICA E EDITORA**

© Todos os direitos reservados

EDITORA LTDA.
Rua Apa, 165 — CEP 01201-904 — Fone (11) 3826-2788 — Fax (11) 3826-9180
São Paulo, SP — Brasil — www.ltr.com.br

Sumário

Prólogo 7
Introdução 11
I. Norma jurídica 15
   I.1. A estrutura da norma jurídica 20
   I.2. Dever-ser como expressão das funções normativas e como conectivo da proposição normativa 23
         Lógica 26
   I.3. Norma (direito) material e norma (direito) instrumental 29
         A instrumentalidade do processo 33
II. Norma, fato e fato jurídico 40
   II.1. Normas de direito público e normas de direito privado: vontade autoritária e acordo de vontades 40
III. Relação jurídica como conceito fundamental do direito 47
   III.1. Relação jurídica material: fenomenologia da norma jurídica 52
         O método fenomenológico de *Husserl* e sua aplicação no campo do direito 55
         Fenomenologia e lógica 58
         Fenomenologia da norma jurídica 63
   III.2. Direito subjetivo, pretensão de direito e ação 68
   III.3. Relação jurídica instrumental 73
   III.4. Possibilidade jurídica do pedido. Interesse de agir e legitimidade para agir 74
IV. Norma individual e concreta 84
   IV.1. Ato jurídico e ato administrativo como normas individualizadas ... 87
         Análise dos elementos constitutivos 88
   IV.2. O objeto do processo judicial. O relacionamento dos planos material e instrumental. 91
         A dinâmica da norma sancionadora (norma secundária) em nível judicial 94
V. Instâncias administrativa e judicial 98

VI. Atos jurídicos processuais 107

    VI.1 Coisa julgada como provimento declaratório da lei ao caso concreto 108

    VI.2 Despacho, decisão interlocutória, sentença e coisa julgada nos processos de conhecimento, cautelar e de execução 111

VII. Extinção da relação jurídica 114

Conclusão 129

Bibliografia 133

PRÓLOGO

A idéia de escrevermos um trabalho sistemático, que pudesse oferecer ao estudioso a noção sintética da Teoria Geral do Direito nasceu após termos deixado de ministrar aulas como professor da Pontifícia Universidade Católica de São Paulo por mais de vinte anos, período esse em que nos dedicamos com especial entusiasmo a oferecer ao estudante do curso de graduação uma visão ampla e abrangente do campo jurídico, do qual somos parte integrante por mais de quatro décadas.

Assim, por entendermos que o conceito de "relação jurídica" é fundamental para que o estudante de Direito possa entrar no maravilhoso e envolvente "mundo jurídico" e por iniciarmos o desenvolvimento do tema nos livros RELAÇÃO JURÍDICA TRIBUTÁRIA EM NÍVEL LÓGICO" e "RELAÇÃO JURÍDICA TRIBUTÁRIA INSTRUMENTAL" (Ed.LTr-SP.1991 e 2002, respectivamente,), ocorreu-nos que, a junção do conteúdo das duas obras acrescida de nova exposição dos elementos que compõem a Ciência do Direito consubstanciado no direito material e no direito processual, que designamos de instrumental, poderia demonstrar, de modo claro e inequívoco, o nascimento, desenvolvimento e extinção do vínculo abstrato que une os sujeitos dessa relação, nascida pela subsunção do conceito do fato ao conceito da norma.

Nesse contexto, o presente trabalho objetiva apresentar e formatar o que denominamos de "Manual de Pós-Graduação *Lato Sensu*" que busca colocar ao alcance dos interessados uma visão global do campo do Direito.

"Nada mais reprovável em método, começar-se a falar dos direitos, das pretensões, das ações e das exceções, antes de se falar da regra jurídica, do suporte fático, da incidência da regra jurídica, da entrada do suporte fático no mundo jurídico (fato jurídico)."

Pontes de Miranda, citado por *Araken de Assis* em seu "Cumulação de Ações" (Rev. Trib. 1. ed., 2. tiragem — SP/1989 — p. 61).

Introdução

O TEMA E O OBJETIVO DO PRESENTE MANUAL

Em 1983, a "Revista de Direito Processual" — vol. 37, p. 103/135 publicou artigo do ilustre processualista *Ovídio A. Baptista da Silva*, depois reproduzido em seu "Curso de Processo Civil" (Ed. Revista dos Tribunais), que exerceu profunda influência em nossa maneira de pensar o direito.

Nessa ocasião, já nos preparávamos para exercer a função de professor na PUC/SP, razão pela qual, adotamos o referido trabalho como norteador dos nossos estudos, idealizados para oferecer ao estudante subsídios para o entendimento da fenomenologia da norma jurídica.

Nesse contexto, o presente "Manual" tem por propósito estabelecer a dinâmica da norma jurídica, desde a sua criação e desenvolvimento, até o desaparecimento do vínculo que une os sujeitos da relação jurídica de direito material, originados após a ocorrência do fato jurídico.

Assim, após o nascimento da relação jurídica de direito material e o não cumprimento do dever jurídico nela estabelecido, demonstraremos a necessidade da emissão da norma individual e concreta para a instalação da relação jurídica instrumental que irá propiciar o desenvolvimento do vínculo até o seu desaparecimento.

Necessário deixar consignado, contudo, que a metodologia adotada na concepção desse Manual tem por escopo, ainda, apresentar, logo em seguida às noções nele desenvolvidas, a transcrição de ensinamentos de renomados Autores, com isso facilitando ao leitor a consulta direta ao texto que serviu de subsídio para o desenvolvimento das idéias nele contidas, atendendo aos reclamos de estudiosos da matéria que, por motivos diversos, estão praticamente impedidos de ter acesso às obras que compõem a bibliografia usada na elaboração do pensamento do Autor.

Embora possamos admitir que a metodologia aplicada no presente Manual foge dos parâmetros usualmente adotados na publicação de obras que visam a complementar o conhecimento científico do campo jurídico, ousamos inovar, especialmente quando transcrevemos *ipsis litteris* os ensinamentos dos Autores aqui citados, com o objetivo de introduzir, imediatamente, no pensamento do leitor, os fundamentos que alicerçaram os entendimentos adotados no presente trabalho.

Conseqüentemente, nossa preocupação foi dirigida no sentido de escrever um texto didático e acessível aos interessados na matéria jurídica e que necessitam de conhecimentos que possam tornar a sua profissão adaptada ao sistema metodológico que deve nortear o pensamento do cultor do Direito. Por conseqüência, deixamos de transcrever o conteúdo dos ensinamentos dos Autores citados em notas de rodapé, para colocá-los no corpo do trabalho como um complemento das nossas idéias.

O propósito específico desse Manual consiste, pois, em orientar o estudioso da matéria a transformar em realidade concreta os ensinamentos e as lições apreendidas por este Autor, nos vários anos de sua vida como profissional do Direito, como Juiz de Tribunal Administrativo e, finalmente, como professor de Direito da mesma Faculdade pela qual obteve o seu diploma de Bacharel em Ciências Jurídicas e Sociais no longínquo ano de 1962.

Por fim, queremos esclarecer que, graficamente, representaremos as diversas etapas de criação, desenvolvimento e desaparecimento do vínculo que dá origem à relação jurídica de direito material, e objetivamos demonstrar que o vínculo jurídico nasce, se desenvolve e se extingue da seguinte forma:

ANÁLISE EXTERNA E INTERNA DA RELAÇÃO JURÍDICA(*)

Análise externa = visualização *in abstrato* dos elementos da relação jurídica		
Análise interna = como realidade concreta: composta por um dinâmico *"todo"* de direitos, deveres, faculdades, ônus, etc.		
Art. 233 a 285	título I	**criação do vínculo** — *As obrigações no C.C. supõem a vinculação entre pelo menos duas pessoas, por meio da vontade, tendo por objeto uma prestação* (*formas que podem revestir o seu nascimento: dar, fazer, não fazer*)
Art. 286 a 288	título II	**desenvolvimento do vínculo** (*mobilidade: meios de transmissão das obrigações*)
Art. 304 a 388	título III	**desaparecimento do vínculo: adimplemento** (*pagamento, pagto. em consignação, em subrogação, imputação, dação, novação, compensação, confusão e remissão*)
Art. 389 a 420	título IV	**inadimplemento** (*efeitos e caracterização da responsabilidade do sujeito passivo da obrigação*)
(*) Segundo a visão de Judith Martins-Costa em *O novo c. civil* — Estudos em homenagem ao prof. Miguel Reale. São Paulo: LTr, 2003. p. 339.		

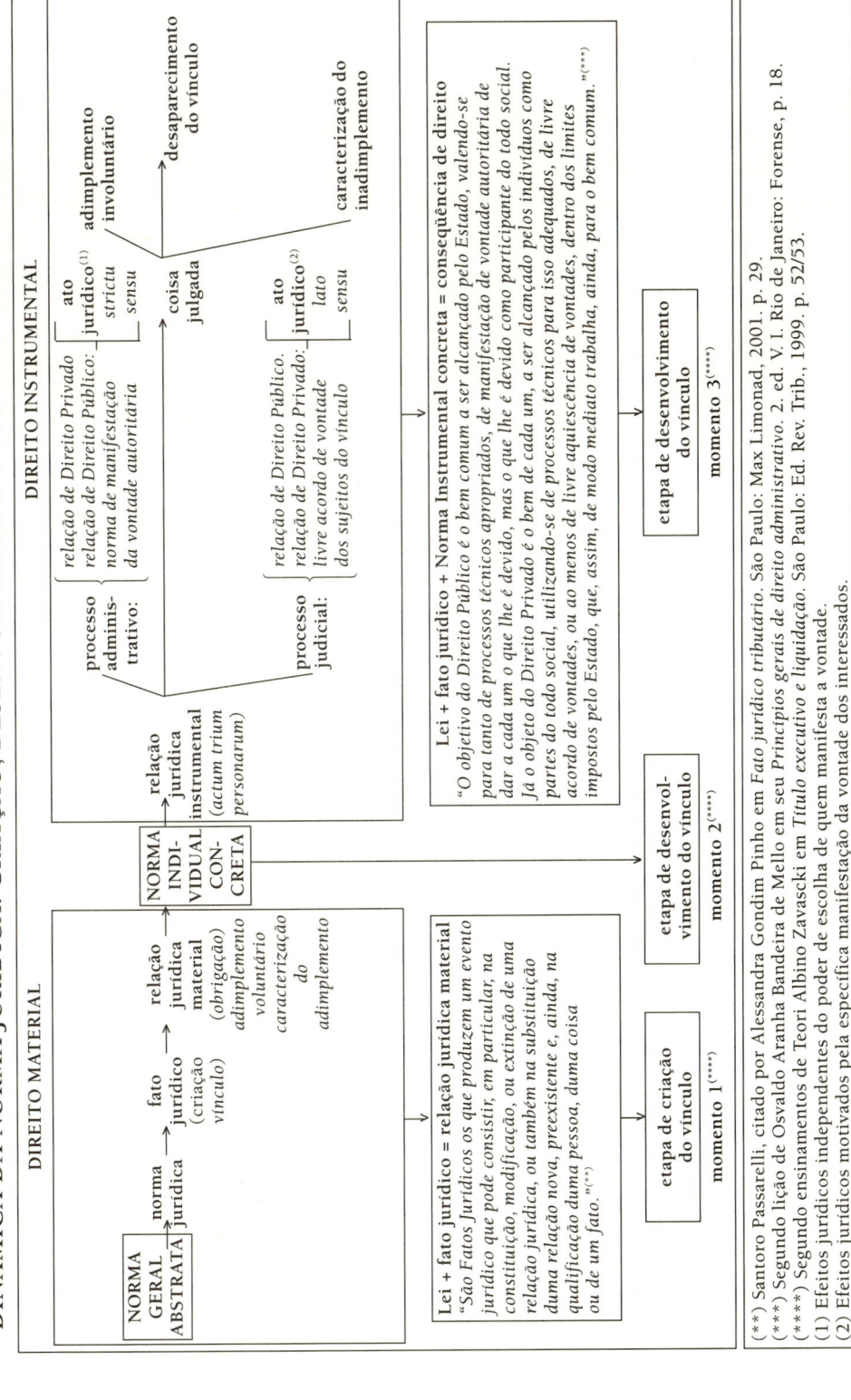

I
NORMA JURÍDICA

A noção primária para o estudioso do Direito consiste, segundo nosso entendimento, em se ter a percepção intuitiva, no sentido de "pensar" a norma jurídica, que, conforme demonstraremos, se constitui no instrumental de que se vale o profissional da área jurídica, para compreender o mecanismo do conjunto sistemático que regula a atividade nuclear do campo do Direito.

Assim, conforme temos reiteradamente nos manifestado, a norma jurídica é um objeto cultural, cuja dinâmica fenomenológica ocorre em nível de abstração porque pertence ao mundo ideal e não real. Isto quer dizer que os seus efeitos são constatados pela razão, por meio de regras lógicas que possibilitam a sua formulação.

Portanto, podemos afirmar que a norma jurídica, enquanto suporte físico, ou seja, quando perceptível por simples leitura do texto do Direito positivo, situa-se no campo dos objetos reais, enquanto que, a sua essência e o seu conteúdo são objetos ideais, que se percebe por meio da intuição intelectual.

Conseqüentemente, as normas jurídicas estão sujeitas à dinâmica constituída por relações lógicas que norteiam o campo do pensamento e a própria coerência do sistema jurídico.

Podemos dizer, então, que a norma jurídica é o juízo ou pensamento que a leitura do texto do Direito provoca na mente do leitor.

Entendemos, pois, que torna-se premente a busca do objeto que delimita o conhecimento científico para se estudar o campo de atuação do Direito.

Nesse contexto, chamamos de "objeto", tudo o que pode ser sujeito de um juízo. Assim, podemos afirmar que o objeto do Direito é a norma jurídica, que, por sua vez, tem como objeto a conduta, que, na expressão de *Kelsen* está representada pela prescrição nela contida e que deve ser obedecida sob pena de fazer valer a sanção nela prevista. Portanto, limita-se a norma a prescrever um comportamento dirigido à conduta humana.

Conseqüentemente, a análise da conduta prescrita na norma será de fundamental importância para o real entendimento do mecanismo que rege as relações de direito previstas no ordenamento jurídico, razão pela qual chamaremos a atenção para o estudo do "dever-ser" como expressão das funções normativas.

Para o início dos estudos objetivados nesse Manual, vamos propor a seguinte noção de Direito para nortear a exposição dos elementos que compõem a Ciência do Direito a que nos referimos no prólogo desse trabalho: *"conjunto ou sistema de normas que regula coercitivamente a conduta humana"*.

Estabelecido que o Direito é composto por um sistema de normas voltadas para a conduta humana, ensina *Kelsen*[1] em seu livro que, um evento em si não constitui "algo jurídico". Para tanto se faz necessário que o fato para ser considerado jurídico receba essa qualidade de outra norma que lhe dê conteúdo e imprima a esse fato uma "significação jurídica", que possibilita seja o ato praticado segundo a previsão nela contida.

Nesse sentido, leciona que "a norma que empresta ao ato o significado de um ato jurídico, é ela própria produzida por um ato jurídico, que, por seu turno, recebe a significação jurídica de uma outra norma". Assim, para o Autor, o conhecimento jurídico tem supedâneo nas normas jurídicas, sendo que o Direito que é objeto desse conhecimento está lastrado em normas de conduta, que, por sua vez, formam o conjunto sistemático que regula o comportamento humano.

Portanto, o termo "norma" significa que algo "deve ser", ou seja, que alguém deve se conduzir conforme a sua previsão, submetendo-se ao seu sentido quando prescreve ou permite determinado comportamento. Conseqüentemente, para *Kelsen*, "Norma é o sentido de um ato, através do qual uma conduta é prescrita, permitida ou, especialmente, facultada, no sentido de adjudicada à competência de alguém".

Ao esclarecer que entende que o estudo do Direito também pode ser equacionado sob o ponto de vista normativo, *Norberto Bobbio*[2] assim se manifesta:

> "... entendo que o melhor modo para aproximar-se da experiência jurídica e apreender seus traços característicos é considerar o direito como um conjunto de normas, ou regras de conduta. Comecemos então por uma afirmação geral do gênero: a experiência jurídica é uma experiência normativa.
>
> A nossa vida se desenvolve em um mundo de normas. Acreditamos ser livres, mas na realidade, estamos envoltos em uma rede muito espessa de regras de conduta que, desde o nascimento até a morte, dirigem nesta ou naquela direção as nossas ações. A maior parte destas regras já se tornaram tão habituais que não nos apercebemos mais da sua presença. Porém, se observarmos um pouco, de fora, o desenvolvimento da vida de um

---

(1) *Teoria pura do direito*. 4. ed. Coimbra: Armênio Amado Editor, 1976. p. 20/28.
(2) *Teoria da norma jurídica*. São Paulo: Edipro-Edições Profissionais, 2001. p. 22.

homem através da atividade educadora exercida pelos seus pais, pelos seus professores e assim por diante, nos daremos conta que ele se desenvolve guiado por regras de conduta. Com respeito à permanente sujeição a novas regras, já foi justamente dito que a vida inteira, e não só a adolescência, é um contínuo processo educativo. Podemos comparar o nosso proceder na vida com o caminho de um pedestre em uma grande cidade: aqui a direção é proibida, lá a direção é obrigatória; e mesmo ali onde é livre, o lado da rua sobre o qual ele deve manter-se é em geral rigorosamente sinalizado. Toda a nossa vida é repleta de placas indicativas, sendo que umas mandam e outras proíbem ter um certo comportamento. Muitas destas placas indicativas são constituídas por regras de direito. Podemos dizer desde já, mesmo em termos ainda genéricos, que o direito constitui uma parte notável, e talvez também a mais visível, da nossa experiência normativa. E por isso, tornar conscientes da importância do "normativo" na nossa existência individual e social."

No mesmo sentido a lição de *Lourival Vilanova*[3]: "Define-se o direito como um sistema de normas diretivas da conduta humana, cuja inobservância é sancionada e, ainda, dotadas essas normas de uma organização no emprego da coação (tornando-se o auto-emprego da coação uma exceção normativamente autorizada: uso da justiça por mão própria). Mas esse é apenas um ângulo de consideração abstrata do direito. O outro ângulo, complementar ao primeiro, reside em considerar o direito o sistema da conduta humana que efetiva as prescrições primárias (deveres e sanções, espontaneamente cumpridos). E, mais, as secundárias, que compulsoriamente, através da prestação jurisdicional, efetivam as primárias. De onde ser procedente ver o direito, sob um lado, como sistema de normas, de outro, como sistema de conduta, ou ordenamento. Como ordenamento, tem-se a efetivação (a realização no sentido de *Ihering*) do sistema de normas. *Kelsen*, apesar do tão sublinhado normativismo, diz acertadamente que o direito é o sistema de normas que regula a conduta humana, ou a conduta normativamente regulada. O seu conceito de eficácia é um conceito relacional: exprime a relação norma/conduta".

Notável afigura-se-nos, lição de *Wilson Hilário Borges*[4], que assim apresenta a norma jurídica "como ponto de referência necessária":

A definição teórica do direito é, conforme vimos, de suma importância para se dimensionar os rumos que o direito como atividade prática tem. A norma é, numa perspectiva positiva do jurídico, o próprio direito. Se a teoria é, conforme vimos, formas variadas de redução de complexidade do objeto estudado, reduzir a complicada palavra direito igualando-o a norma jurídica é levar às últimas conseqüências a simplificação.

---

(3) *Causalidade e relação no direito.* 2. ed. São Paulo: Saraiva, 1989. p. 65.
(4) *Decisão social e decisão jurídica — Uma teoria crítico-historicista.* São Paulo: Germinal Editora, 2000. p. 336.

A norma tem, não obstante, um papel importantíssimo na realidade jurídica. A evidência disso é que não existe nenhuma teoria do Direito que possa ignorar a norma jurídica ou deixar de considerá-la como um elemento importante. A norma como um ponto referencial determinante para o direito é também um complicador, já que ao definir no plano da sociabilidade necessária os comportamentos desejáveis, fixa uma ordem de comportamento para os indivíduos e estabelece assim uma linha entre uma realidade causal e uma perspectiva de comportamento que a norma fixa como um dever-ser.

Desta forma, independentemente das questões que definem ou não uma ciência do Direito, e que nós já analisamos *supra*, a norma é, no plano da prática jurídica, um ponto de referência que nem o advogado totalmente voltado para a prática, nem aquele que pensa o Direito como uma atividade científica e analítica, pode dispensar.

O Direito pode ser entendido como a junção de fato, valor e norma como ensina *Miguel Reale*, ou pode ser, como explica *Tércio Sampaio Ferraz Junior* a junção de elementos normativos e não normativos.

O direito está assim, no plano prático ou teórico, estreitamente vinculado à norma jurídica como um ponto de partida, ou de chegada. É ponto de partida já que toda teoria jurídica busca na norma seu ponto de referência. É ponto de chegada já que a aplicação do Direito significa uma transformação de enunciados normativos. A norma, que já tem sido objeto de várias formas de análise pelos teóricos do Direito, tem, no estudo sobre a decisão, um sentido específico.

É possível explicar-se a norma jurídica como possuindo um sentido e uma função dupla. *A norma pode ser analiticamente vista como algo que é e neste sentido tem uma função ou um conjunto de funções na sociedade e a norma também significa algo dentro dos esquemas em que norma é utilizada.*

A norma, mesmo quando fixa para os destinatários um dever-ser, tem, no plano da realidade social, o sentido de ser alguma coisa. Esse ser alguma coisa assume dois sentidos possíveis, dependendo do tipo de utilização que terá para diferentes indivíduos no meio social. No sentido genérico a norma tem, para todos os membros sociais, um caráter utilitário e um elemento de segurança.

O caráter utilitário que a norma tem é, pelo menos em princípio, indicado pela possibilidade de que há um conjunto de normas jurídicas que todos podem utilizar para garantir que os demais cumpram certas e determinadas obrigações socialmente relevantes.

A maior parte dos indivíduos está informada de que todos, ou quase todos os aspectos de sua existência, estão sujeitos a uma regulamentação normativa. Assim, a norma possibilita de um lado o surgimento da convicção de que há uma ordem que obriga a todos no cumprimento de determinados atos e que se esses atos não forem os definidos nas normas haverá conseqüências para quem não agiu de acordo com a ordem jurídica.

É ainda o elemento normativo que aparece, no plano do entendimento dos membros da sociedade, como o resultado da organização política. A garantia do cumprimento de certas orientações que a sociedade estabelece por meio da norma, assegura para o cidadão uma noção de participação, obrigatoriedade, poder e justiça.

Na medida em que a norma estabelece os espaços onde, pelo menos em tese, há a obediência a determinados preceitos, firma-se uma noção de participação. Mesmo considerando-se todo o problema advindo da utilização dos recursos institucionais normativos, os indivíduos sabem e percebem que é a existência ou não de uma norma que lhes assegura uma identidade com os demais.

E prossegue por lecionar que:

"A aplicação do direito para ser feita necessita de promover uma adequação entre o fato e o enunciado normativo.

A caracterização dos fatos como descrições permite que haja um acoplamento de duas complexidades diferentes. De um lado o fato, como fenômeno, é o resultado de um conjunto sumamente complexo de elementos diferentes e de outro o enunciado normativo que tem o sentido de estabelecer em abstrato certas figuras ideais de acontecimento que interessam ao jurídico."

Necessário salientar, ainda, que, para *Kelsen*[5], ao diferenciar as expressões "norma jurídica" e "regra de Direito", se a coerção "é um elemento essencial do direito", as normas que estabelecem o sistema jurídico devem, por conseqüência, definir a sanção.

Assim, para aquele Mestre, as normas jurídicas *indicam a prescrição*, enquanto que, as regras de Direito formuladas pela ciência jurídica são *eminentemente descritivas*.

Nas palavras de *Kelsen*:

"A regra de Direito, o termo usado num sentido descritivo, é um julgamento hipotético vinculando certas conseqüências a certas condições. Essa é a forma lógica também da natureza. Exatamente como a ciência do Direito, a ciência da natureza descreve seu objeto em sentenças que têm o caráter de julgamentos hipotéticos. E, como a regra de Direito, a lei da

---

(5) *Teoria geral do direito e do estado*. São Paulo: M. Fontes, 1998. p. 62/65.

natureza também relaciona dois fatos entre si como condição e conseqüência. Neste caso, a condição é a "causa", a conseqüência, o "efeito". A forma fundamental da lei da natureza é a da lei da causalidade. A diferença entra a regra de Direito e a lei de natureza parece ser a de que a primeira se refere a coisas e suas reações. A conduta humana, contudo, também pode ser tema de leis naturais, na medida em que o comportamento humano também pertence à natureza. A regra de Direito e a lei da natureza não diferem tanto pelos elementos que relacionam quanto pela maneira em que é feita a conexão. A lei da natureza estabelece que, se A é, B é (ou será). A regra de Direito diz: se A é, B deve ser. A regra de Direito é uma norma (no sentido descritivo do termo). O significado da conexão estabelecida pela lei da natureza entre dois elementos é o "é", ao passo que o significado da conexão estabelecida entre dois elementos pela regra do Direito é o "deve ser". O princípio segundo o qual a ciência natural descreve seus objetos é o da causalidade; o princípio segundo o qual a ciência jurídica descreve ser objeto é o da normatividade".

I.1. A ESTRUTURA DA NORMA JURÍDICA

A norma jurídica possui estrutura dual, ou seja, se compõe de duas partes, que se denominam norma primária e norma secundária. Naquela, segundo *Vilanova*, "estatuem-se as relações deônticas direitos/deveres, como conseqüência da verificação de pressupostos, fixados na proposição descritiva de situações fácticas ou situações já juridicamente qualificadas; nesta, preceituam-se as conseqüências sancionadoras no pressuposto do não estatuído da norma determinante da conduta juridicamente devida".

Por sua vez, cada uma dessas partes é composta de um antecedente (hipótese) e de um conseqüente (tese). A hipótese é descritiva de fato de possível ocorrência e a tese, normativamente vinculada à hipótese, tem estrutura interna de proposição prescritiva. É a relação em que um sujeito S, fica face a outro sujeito S. A tese é proposição relacional.

O functor relacional R não é descritivo, prossegue o Mestre pernambucano. Não descreve relação existente, empiricamente dada ou formalmente necessária entre termos. Quando enunciamos que "2 é maior que 2", o relacional "é maior que" nada prescreve. Tem-se aí functor relacional descritivo. Não assim com o relacional inserto na tese "S, R, S,". A relação R é deôntica e se traduz por expressões deônticas: "está proibido", "está permitido", "está obrigado". R é um dever-ser nessa tríplice modalidade, o resíduo formalizado que se obtém quando se desembaraçam as normas jurídicas positivas de seus revestimentos de linguagem natural. E que se trata de conceito relacional, basta verificarmos que fica incompleta a sentença "S, tem o direito, ou tem o dever, ou tem a permissão de fazer ou omitir" sem incluir o outro termo da relação: o outro sujeito diante do qual a relação se mantém.

Portanto, todo sistema de normas jurídicas é composto por um sistema de linguagem com conotação normativa, que se refere, denotativamente, a um segmento do mundo dos fatos. Essa linguagem se expressa por sinais que servem de revestimento exterior para que a norma jurídica possa ser comunicada quando da sua leitura, momento em que se forma o processo de significação no intelecto do leitor.

Podemos afirmar, por conseguinte, que, como linguagem significativa, os sinais empregados estão sujeitos ao que *Lourival Vilanova* denomina de "leis formais das significações, ou dos símbolos abstratos, portadores de categoria, de significações que, por serem abstratas, são significações quaisquer sobre objetos quaisquer. Apenas, essa indeterminação conotativa e denotativa é aparentemente sem objeto. Há um setor do universo de significações (normas) e um setor do universo total, que é o universo-de-objetos especificados por normas, que limitam essa abstrata indeterminação".

Para o referido Autor, desde que as normas (significações) têm por suporte linguagem (linguagem não-apofântica, mas linguagem deôntica), inserem-se dentro das lei lógicas.

A linguagem do Direito Positivo procura evitar o sem-sentido. O legislador, ou o juiz, ao emitir norma individual, evitam atropelar categorias-de-significação (ou categorias-de-símbolos) que dêem construções sem-sentido, ou categorias sintáticas que levem às estruturas eivadas de contra-sentido, pois nem uma nem outra é possível de efetivação ou cumprimento na ordem dos fatos. Então, a lógica está no interior mesmo do sistema de proposições de Direito Positivo.

Conseqüentemente, torna-se imperioso o exato conhecimento e uso da expressão "significação", que, no plano lógico, visualiza o fenômeno da relação jurídica. *Wittgenstein* em seu notável trabalho "Investigações Filosóficas", assim entende a essência da linguagem e a sua conseqüente significação: "As palavras da linguagem que denominam objetos-frases são ligações de tais denominações. Nesta imagem da linguagem encontramos as raízes da idéia: cada palavra tem uma significação. Esta significação é agregada à palavra. É o objeto que a palavra substitui". Assim, prossegue o inigualável Pensador, "a significação de uma palavra é seu uso na linguagem", o que nos leva a considerar com *Luiz A. Warat* que "um uso ou função da linguagem pode ser visto como um nível de análise que nos elucida as relações entre os sentidos manifesto e os encobertos de um termo, expressão ou discurso".

Por conseqüência, para o perfeito entendimento do termo "norma" necessário se torna conhecer o processo de abstração que se forma no intelecto do indivíduo; vamos fazer breve alusão a conceitos fundamentais da filosofia para a apreensão do tema ora exposto.

Assim, a idéia que é a simples representação intelectual da coisa e um produto da abstração (ex.: neve) tem a sua expressão pelo termo no plano lingüístico. A seguir o Juízo, que é a operação pela qual a inteligência une o predicado ao sujeito (ex.: a neve é branca) é representado pelo enunciado. Como a proposição é o significado do enunciado, podemos dizer que, logicamente, tanto a norma quanto seu enunciado são proposições. Finalmente, dentro do processo de abstração, a norma, como esclarece *Cóssio*, é o instrumento lógico do pensamento jurídico.

Partindo-se, pois, dos conceitos acima referidos, sugerimos a seguinte formulação esquemática para o processo de abstração, no qual, segundo *Goffredo Telles Júnior*[6], a inteligência, "se eleva do real, que é sempre individual e concreto, ao ideal, ao reino das idéias, que é sempre o reino do geral e do abstrato", notando-se, ainda, que a apreensão, do ponto de vista lógico, segundo *Régis Jolivet*[7] "é o ato pelo qual o espírito concebe uma idéia, sem nada afirmar ou negar".

Idéia → termo: expressão verbal da idéia 〉 simples representação intelectual da coisa
↓ (ex.: neve)

Juízo → enunciado ñ operação pela qual a inteligência une o predicado ao sujeito
(ex.: a neve é branca)
↓

Proposição: expressão verbal do juízo 〉 significado do enunciado (no caso da norma jurídica, a conduta prescrita)
↓

Norma → instrumento lógico do pensamento jurídico

De se notar que nos expressamos por enunciados, isto é, orações como "este é um livro de lógica". Esses conjuntos de palavras são orações porque cumprem o requisito de expressar cabalmente uma idéia. O mesmo não ocorre com expressões como "verde o é campo", em que as palavras, por sua "desordem interna" impedem sejam consideradas em enunciados ou orações.

Uma proposição é, pois, o significado ou conteúdo de um enunciado descritivo. E exige-se que o enunciado seja descritivo para ensejar expressamente os outros usos da linguagem.

Isto ocorre porque a lógica se desenvolve por meio dos chamados "valores de verdade" que, em um sistema bivalente, são dois: verdadeiro e falso. Se o enunciado pode ser verdadeiro ou falso, então é descritivo e constitui matéria-prima para a lógica.

A norma jurídica é um objeto cultural, e a sua dinâmica fenomenológica se desenvolve no campo da abstração, isto é, no mundo ideal e não real, ao contrário

---

(6) Ob. cit. p. 265.
(7) *Curso de filosofia*. 9, ed. Rio de Janeiro: Agir Editora, 1968. p. 33.

dos fenômenos de percepção física (campo das ciências exatas) nos quais os mesmos são comprovados pelos sentidos. No Direito os efeitos produzidos pela norma são um produto da razão (raciocínio) e, conseqüentemente, das regras lógicas que entram na sua formulação.

O Direito positivo é, pois, um sistema de normas, e, portanto, de proposições e que, por força desse entendimento, o Direito nos conduz a uma linguagem, à linguagem em que as normas são enunciadas, ou seja, à linguagem do Direito, consistente em um conjunto de signos sensíveis que as pessoas utilizam para expressar seus pensamentos.

Contudo, deve-se atentar para o fato de que as normas jurídicas obedecem, também, a uma dinâmica caracterizada por relações lógicas que disciplinam o campo do pensamento e que, da observância dessas relações dependem a coerência do sistema do Direito, bem como, a exatidão dos raciocínios jurídicos que intervêm na sua elaboração.

Portanto, a norma é a significação que o nosso intelecto extrai da leitura do texto do Direito Positivo, ao mesmo tempo poderá ser entendida como o "sinal" convencionado para representar (significar) o fenômeno jurídico e, portanto, o Direito em si, já que, segundo *Wittgenstein*, o termo "SIGNIFICAÇÃO", do verbo *"meinen"* é o que diz a palavra, quer dizer: ter em mente.

I.2. DEVER-SER COMO EXPRESSÃO DAS FUNÇÕES NORMATIVAS E COMO CONECTIVO DA PROPOSIÇÃO NORMATIVA

A norma jurídica, ao incidir num fato jurídico, ensina *Lourival Vilanova*, vincula a esse fato um "relacionamento" entre sujeitos de direito, não importando, segundo *Betti*, as diferenças entre situações jurídicas. Assim, podemos tomar, como preleciona *Alessandro Leví*, a relação jurídica como "conceito fundamental".

A relação jurídica, prossegue *Vilanova*, é interpessoal, é relação intersubjetiva. Os sujeitos são "os termos da relação jurídica", ainda que só o sujeito da obrigação fique determinado e indeterminado fique o sujeito pretensor. Também, ordinariamente, são sujeitos de direito distintos, sendo que extingue-se a relação obrigacional quando, no mesmo termo da relação jurídica, se reúnem as posições de sujeito credor e sujeito devedor.

Assim, para o citado Autor, o "dever-ser" kelseniano tem vários usos. Um deles é o relacional R, cujos valores são: O OBRIGATÓRIO (0), O PROIBIDO (V) ou (PH) E O PERMITIDO (P). Se o relacional R é substituível por três valores (R,R,, e R,,,),então R é uma variável relacional, isto é, R não pode ter por substitutos nomes de objetos ou condutas, nomes de indivíduos, etc. nem é substituível por proposições. Os valores de R, em símbolos deônticos, serão sempre O, PH, P que são as três funções normativas a que alude *Kelsen*.

Lembra, ainda, que, como observa *Von Wright*, as proposições deônticas comportam dois usos: o uso descritivo e o uso prescritivo. No primeiro, informa-se em que Vetor a conduta está dirigida (se está proibida, permitida ou obrigatória), no segundo, prescreve o que fazer e o que omitir, seja permitindo, proibindo ou obrigando.

Portanto, ocupam dois planos inconfundíveis as proposições que descrevem normas e as proposições normativas do Direito positivo. Se estas são "linguagem-objeto", aquelas são metalinguagem. Então o dever-ser está em dois planos de linguagem, juntamente com seus valores, sendo que ainda se pode falar em um terceiro nível: o da lógica.

A lógica formaliza a linguagem objeto do Direito positivo reduzindo a linguagem envolvida na concreção do fato, valor e norma às estruturas, cujos termos constituintes são variáveis e cujos termos de relacionamento são constantes lógicas.

Assim, se a linguagem do Direito positivo é linguagem-objeto (L), a linguagem da ciência que fala sobre a linguagem-objeto é a meta-linguagem (M) e a linguagem lógica é a meta-meta-linguagem.

Por conseguinte, *o conectivo "DEVER-SER" triparte-se em três relacionais específicos:* o *obrigatório* (O), o *proibido* (PH) e o *permitido* (P) e não entram na categoria de relacionais reflexivos porque todo relacional deôntico se dá entre sujeitos diferentes, como termos de relação estatuída.

Esses três modais deixam lugar a operações puramente formais, sem afetar o conteúdo da norma. Podemos, pois, tomar um deles como primitivo (indefinível) e definir os demais com base nesse formal primitivo: V(P) O(-p) — P(p): *uma conduta é proibida equivale a dizer que é proibido omitir e equivale a declarar que não é permitido fazer.*

Nas palavras de *Lourival Vilanova*[8]: "O que uma norma de direito positivo enuncia é que dado um fato, seguir-se-á uma relação jurídica, entre sujeitos de direito, cabendo, a cada um, posição ativa ou passiva. Mais. Que nessa relação jurídica primária, define-se o conteúdo da conduta, modalizando-a como obrigatória, permitida ou proibida. E que no caso de descumprimento, inobservância, inadimplência, por parte do sujeito passivo, o outro sujeito da relação pode exigir coativamente a prestação não-adimplida. Com isso, estabelece-se nova relação jurídica, na qual intervém outro sujeito, o órgão judicial, aplicador da sanção coacionada."

Referindo-se especificamente às funções do dever-ser, leciona aquele Autor[9] que a estrutura da proposição jurídica completa é dada assim: D (p) q) ou (não — q) r). O dever-ser, simbolizado por D, incide sobre a estrutura implicacional

---

[8] Ob. cit., p. 58.
[9] Ob. cit., p. 68.

interna da primeira proposição, da segunda proposição e sobre o operador disjuntivo *ou*. As duas estruturas implicacionais poderiam estar conectas pelo disjuntivo, sem o functor D. Mas o que faz o functor dever-ser é justamente incidir nas implicações e no conectivo, modalizando-os deonticamente: deve — ser a implicação ente p e q, entre *"não — q"* e r deve-ser a disjuntividade. *Alf Ross* poria o functor I (simbolizando o indicativo: *so it is*, contraposto ao deôntico, *so it ought to be*), para representar proposições descritivas face às prescritivas.

Observe-se, o dever-ser, como functor deôntico, incidindo na estrutura total da proposição, exerce papel sintático diferente do dever-ser no interior da estrutura proposicional. Dentro da proposição jurídica, é um relacional R que toma os valores modais Ph (proibido), O (obrigatório) e P (permitido). A constante lógica D não está a indicar que a implicação e a disjuntividade das duas implicações sejam proibidas, permitidas ou obrigatórias em sentido estrito. Estatui meramente que dever-ser, e aqui o dever-ser opõe-se ao meramente que é. Sob esse ângulo é que se dá a dualidade kelseniana ser/dever-ser.

Como conectivo da proposição normativa e seguindo lição de *André Franco Montoro*[10], conforme nos expressamos em nosso "Relação Jurídica Tributária em Nível Lógico"[11], sob o prisma lógico, a norma jurídica terá a estrutura de um juízo, podendo ser enunciada sob a fórmula de uma proposição hipotética condicional, como faz *Kelsen* ou sob a forma de uma proposição hipotética disjuntiva, como prefere *Cóssio*. A formulação mental ou lógica, ensina aquele Mestre, não se confunde com sua "existência real e objetiva", já que a norma jurídica é uma coisa e a sua formulação lógica é outra.

Levando-se, então, em consideração o caráter imperativo da norma jurídica e respeitando a distinção entre esta e a sua formulação lógica, ensina que: 1. — "em si, a norma jurídica é sempre um preceito obrigatório ou imperativo; essa é aliás uma de suas características fundamentais e a própria justificativa de sua existência"; 2. — "essa obrigatoriedade pode ser "formulada" sob a forma de um juízo condicional ou disjuntivo".

Nesse sentido, conclui que "em si mesma, a norma é sempre uma disposição imperativa, proibitiva ou permissiva. E constitui, como diz *Carnelutti*, um comando jurídico dirigido à conduta dos simples indivíduos, autoridades ou instituições na vida social".

Apresentada, pois, a proposição jurídica como um juízo hipotético que, por sua vez, tem a forma de um dever-ser, podemos dizer que a estrutura da norma jurídica pode ser representada pela fórmula do "dever-ser lógico" cuja função consiste na imputação de uma conseqüência a um suposto de fato.

---

(10) *Apostila do curso de teoria geral do direito*. Programa de Pós-Graduação em Direito.
(11) São Paulo: LTr, 1993. p. 25 e segs.

Por isso *Kelsen*[12] leciona, ao estabelecer as diferenças entre o princípio da causalidade e o princípio da imputação, que a forma verbal em que são apresentados os dois princípios é a de um juízo hipotético, em que um pressuposto é ligado a uma conseqüência. O sentido da ligação, explica, é diferente nos dois casos. O princípio da causalidade afirma que, quando é A, B também é (ou será). O princípio da imputação afirma que, quando A é, B deve ser. E assinala: "Visto que o sentido específico do ato através do qual é produzida a relação entre pressuposto e conseqüência numa lei moral ou jurídica é uma norma, pode falar-se de uma relação normativa — para a distinguir de uma relação causal. 'Imputação' designa uma relação normativa. E esta relação — e não qualquer outra — que é expressa na palavra 'dever-ser', sempre que esta é usada numa lei moral ou jurídica".

Portanto, tendo a norma estrutura lingüística de uma proposição condicional (Se A, então deve ser B), o conectivo, operador ou functor deôntico "dever-ser" tem, na lição de *Lourival Vilanova*[13] a categoria sintática de uma sincategorema, ou seja, uma significação ou conceito incompleto, incapaz, portanto, de se constituir em uma fórmula bem construída. Assim, prossegue o Mestre, "na proposição 'dado o fato de ser homem, deve ser a personalidade' (jurídica) com os categoremas refiro-me a entidades do mundo e a qualificações que se lhes adjudicam como propriedades num universo de normas de direito. Mas o 'dever-ser', a coisa, a pessoa, a ocorrência nenhuma se refere. Exerce o papel de um conceito funcional diferente de conceitos de objeto. Ou então de um conceito relacionante. Mas cifra-se sua presença em cumprir funções sintáticas".

Conseqüentemente, podemos então afirmar que, o fato ingressa no campo do Direito por incidência do dever-ser que, por sua vez, é um relacional R que toma os valores modais, Obrigatório (O), Permitido (P) e Proibido (Ph) dentro da proposição normativa.

Implicação Lógica

Fundamentalmente, implicação formal ou lógica significa "vínculo entre proposições". Contudo, para que se estabeleça o referido vínculo, se nos afigura absolutamente necessária uma breve digressão no sentido de se estabelecer uma compreensão das realidades lógicas que compõem a denominada "Teoria da Lógica", na expressão de *Georges Kalinowski*.

Segundo o mencionado autor, por lógica, em sentido estrito, devemos entender a regra de raciocínio, garantida por uma lei lógica.

Assim, prossegue, as quatro realidades lógicas que constituem a "Teoria da Lógica" são: a) os raciocínios: que são encadeamentos de proposições, resultando o processo intelectual que se desenvolve na mente humana; b) os es-

---

(12) *Teoria pura do direito*. 4. ed. Coimbra: Armênio Amado Editor, 1976.
(13) Ob. cit., p. 2.

quemas de raciocínio: compostos dos raciocínios que têm a mesma estrutura (ex: se p' q= se q' p); c) as regras de raciocínio: regras que correspondem a um determinado esquema (ex: a regra do *modus ponendo ponens* ou regra de separação, que nos permite separar o conseqüente de uma proposição hipotética de seu antecedente); d) teses ou leis lógicas: espécies de leis científicas que comprovam a regularidade de uma proposição. São, portanto, expressões de uma "relação constante", que se estabelece entre determinadas situações previstas nas proposições. Ou ainda: as leis lógicas expressam as relações que existem entre duas ou mais proposições em razão do valor lógico ou da estrutura sintática das mesmas.

Salienta, ainda, que a lei que fundamenta a "regra de separação", que dá origem à implicação lógica de que estamos tratando, é uma "proposição teórica" que expressa a "relação formal" que se estabelece entre a proposição hipotética (se p' q) e a proposição simbolizada pela variável "q", já que a relação expressa por esta lei lógica é de uma natureza tal que, havendo abstração não somente do conteúdo como também da estrutura das proposições que representam as variáveis "p" e "q", quando, simultaneamente, se "p" então "q" e "p"; então "q". Por conseguinte, formalizando, teremos [(p' q)] — p]' que diz respeito à estrutura dos silogismos condicionais. É o modo que afirma (*pone*) afirmando (*poniendo*): dado o condicional (p' q) a afirmação do antecedente "p" permite afirmar o conseqüente "q".

Para melhor compreensão se nos afigura possível a seguinte esquematização da implicação lógica, com base no acima exposto e passando pelas várias realidades lógicas, até à sua concretização como vínculo ou relação entre proposições:

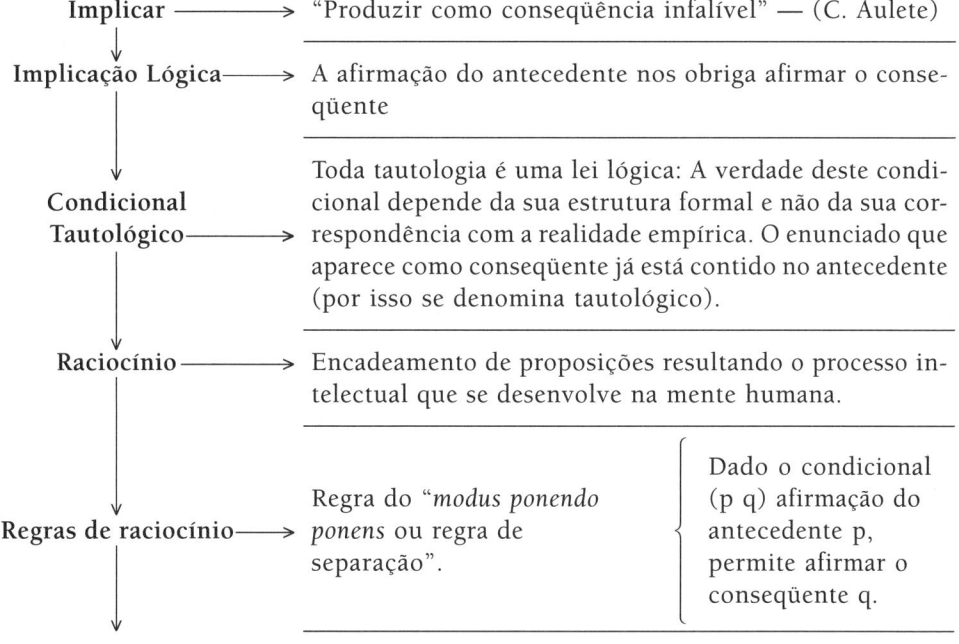

A regra de raciocínio disciplina sempre uma proposição normativa porque contém uma diretiva que enuncia o que podemos fazer ou não fazer, sendo garantida por uma "lei lógica" (espécie de lei científica que comprova a regularidade de uma proposição).

Se a verdade das premissas nos garante a verdade da conclusão, segue-se que esta já está contida naquelas. Tão importante é esta relação para a lógica, que recebeu um nome próprio: quando um enunciado está incluído em outro, de tal maneira que a verdade deste último garante a verdade do anterior, dizemos que existe entre ambos uma relação de implicação (também chamada implicação formal ou lógica).

É um vínculo entre proposições. Nela é logicamente necessário que o conseqüente seja verdadeiro, se o antecedente também o é, e é logicamente impossível que o antecedente seja verdadeiro se o conseqüente não o é. (Efeito produzido por conseqüência lógica).

Isto posto, o desenvolvimento da matéria, até o presente momento, nos permite afirmar com *Roberto J. Vernengo*[14] que as normas são condicionais ou hipotéticas quando a ação ou omissão reguladas tenham assinaladas suas modalidades deônticas (O, P, Ph) sob a condição de que produza algum outro fato. Em lógica, ensina o Mestre argentino, um juízo hipotético é um enunciado molecular formado por dois enunciados atômicos: um enunciado antecedente e um enunciado conseqüente, enlaçados por uma relação (aqui se situa a implicação lógica ora referida) que pode ler-se: "se p (o antecedente), então (dever-ser) q (o conseqüente)".

Não resta qualquer dúvida, pois, que o vínculo de dever-ser que *Kelsen* denominou de "imputação", relaciona a hipótese contida na norma à conseqüência ou tese e que, em nível lógico, essa imputação se expressa por uma "relação de implicação". Conforme preleciona *Vilanova*, a proposição normativa possui uma estrutura implicacional em que, ocorrido o fato F, previsto numa proposição P, um sujeito se põe em relação deôntica com outro sujeito. Nesse contexto, o operador deôntico incide sobre o nexo entre a hipótese e a tese ou conseqüência, vínculo que se traduz por uma "relação formal de implicação", compondo a estrutura interna da tese e relacionando um sujeito de direito com outro sujeito de direito nas modalidades deônticas (O, P, Ph: obrigatório, permitido, proibido).

---

(14) *Curso de teoria general del derecho*. Buenos Aires: Depalma, 1986. p. 74.

De se notar, que *Kelsen* adota o functor deôntico, isto é, o conectivo dever-ser, não só como o vínculo que liga a hipótese e conseqüência da proposição normativa mas, também, como o nexo dos sujeitos que compõem a relação jurídica que nasce pela subsunção do conceito do fato ao conceito da norma.

Tomando-se, então, a relação jurídica em nível eminentemente lógico, ou seja, como uma "relação implicacional", podemos concluir, também, com base nos ensinamentos de *Echave, Urquijo* e *Guibourg* que:

a) A afirmação do antecedente (hipótese) obriga a afirmação do conseqüente (tese). Trata-se, pois, do que logicamente se denomina de um "condicional tautológico"(*);

b) A verdade deste condicional depende da sua estrutura formal e não da correspondência empírica;

c) Se a verdade das premissas garante a verdade da conclusão é porque esta já estava contida, de um modo ou de outro, naquelas;

d) Quando um enunciado está incluído em outro, de modo que a verdade deste último garante a verdade do anterior, dá-se o que na lógica se denomina de "implicação"(**);

e) A implicação, como todas as tautologias, não possui conteúdo empírico, como também não se refere aos fatos. Simplesmente afirma uma "relação abstrata", puramente lógica, entre proposições. É, portanto, apenas um vínculo entre proposições.

I.3. NORMA (DIREITO) MATERIAL E NORMA (DIREITO) INSTRUMENTAL

Em nosso entendimento, o Direito Material e o Direito Instrumental podem ser representados graficamente da seguinte forma:

DIREITO MATERIAL	DIREITO INSTRUMENTAL
Complexo de normas que disciplinam as relações jurídicas referentes a bens e utilidades da vida. (*dir. civ. trib., com.*)	Complexo de normas que se instrumentalizam a serviço do direito material
A) OBJETO: *bem da vida disputado*	OBJETO: *prestação jurisdicional, consubstanciada na pretensão de direito material, representada pela sanção prevista na norma secundária.*

(*) Tautologia: São fórmulas cuja tabela de verdade atribui valor positivo para todos os casos possíveis. Em nível lógico, todo condicional tautológico expressa uma implicação.

(**) Implicação: Em nível lógico, todo condicional tautológico expressa uma implicação.

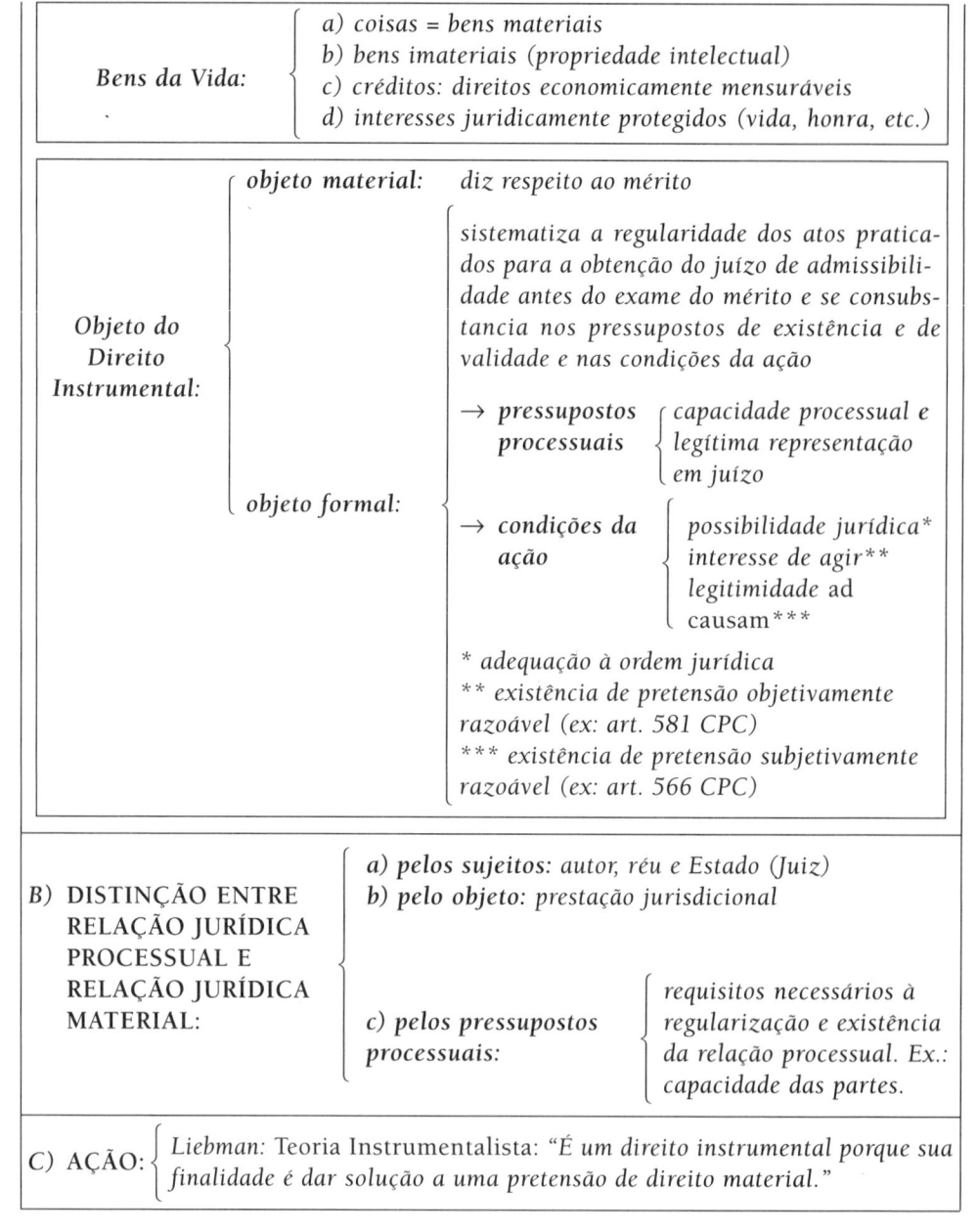

Bens da Vida:	a) coisas = bens materiais b) bens imateriais (propriedade intelectual) c) créditos: direitos economicamente mensuráveis d) interesses juridicamente protegidos (vida, honra, etc.)
Objeto do Direito Instrumental:	*objeto material:* diz respeito ao mérito *objeto formal:* sistematiza a regularidade dos atos praticados para a obtenção do juízo de admissibilidade antes do exame do mérito e se consubstancia nos pressupostos de existência e de validade e nas condições da ação → pressupostos processuais: capacidade processual e legítima representação em juízo → condições da ação: possibilidade jurídica*, interesse de agir**, legitimidade ad causam*** * adequação à ordem jurídica ** existência de pretensão objetivamente razoável (ex: art. 581 CPC) *** existência de pretensão subjetivamente razoável (ex: art. 566 CPC)
B) DISTINÇÃO ENTRE RELAÇÃO JURÍDICA PROCESSUAL E RELAÇÃO JURÍDICA MATERIAL:	a) pelos sujeitos: autor, réu e Estado (Juiz) b) pelo objeto: prestação jurisdicional c) pelos pressupostos processuais: requisitos necessários à regularização e existência da relação processual. Ex.: capacidade das partes.
C) AÇÃO:	Liebman: Teoria Instrumentalista: "É um direito instrumental porque sua finalidade é dar solução a uma pretensão de direito material."

O relacionamento das partes, no plano processual, também tem como fator de agregação entre os sujeitos (partes) da relação, elemento de natureza substantiva, qual seja a pretensão que, como vimos, está sediada em nível de direito material, mas que, para a abertura da via processual ou instrumental necessita ser tomada como elo de ligação entre os níveis material e formal.

É que as relações que disciplinam os comportamentos das partes no processo judicial se desenvolvem em função da pretensão exposta pelo Autor em seu pedido inicial, que, por sua vez, sofre a oposição do réu que necessita demonstrar ao Juiz a inviabilidade da exigência formulada no requerimento que instaura o liame de natureza triangular.

Daí a lição de *Rogério Lauria Tucci*[15], no sentido de que a *pretensão é o objeto material do processo civil* e consiste na "declaração de vontade impositiva, formulada em face de outrem, a fim de obter-se a satisfação de um interesse".

E assinala com grande senso prático aquele Autor que, por se integrar a pretensão na lide que espelha o contraste de vontades entre os sujeitos da relação jurídica de direito material, ou seja, "do antagonismo das situações em que ambos, renitentemente, se posicionam, deve ser esta composta por obra de agente do Poder Judiciário, juiz ou tribunal, a quem está submetida a sua apreciação".

Por conseguinte, o relacionamento das partes, no plano processual, ou instrumental tem origem na pretensão, que é elemento típico de direito material e que, por conseguinte, essa relação é uma mera continuidade da disputa de interesses nascida na fase antecedente, ou seja, na fase de direito material.

As palavras de *Rogério Lauria Tucci*[16] dão uma exata dimensão da importância da pretensão, elemento de direito material, na constituição da relação processual:

"Apresenta-se a lide, com efeito como tema central do processo civil, de sorte a, necessariamente, versar sobre ela a sentença definitiva, mediante a qual o órgão jurisdicional responde ao pedido do autor, em que a pretensão é deduzida; constrói-se o objeto litigioso pela afirmação do Direito (objeto da pretensão) e pelo fato da vida (fundamento da pretensão); sua determinação é um ato de disposição do autor, que se subsume no pedido, ao qual corresponde, em regra, uma sentença de mérito atinente à determinação da conseqüência jurídica alvitrada para o fato narrado na petição inicial.

Como explica *Schwab*, a resolução judicial deve recair sobre a solicitação do autor, devidamente interpretada; e isto aduzimos — numa delicada operação de aplicação do Direito objetivo ao litígio *sub examine*."

Assim, como a pretensão insatisfeita dá origem à lide, anota *José Frederico Marques*[17] que pretensão é ato jurídico que objetiva declaração de vontade, na qual um sujeito da relação formula contra o outro determinada exigência que tem supedâneo no direito subjetivo que se contrapõe ao dever jurídico previsto na relação de direito material.

---

(15) *Do julgamento conforme o estado do processo*. 3. ed. São Paulo: Saraiva, 1988.
(16) Ob. cit. p. 3/4.
(17) *Manual de direito processual civil*. 1. ed. São Paulo: Saraiva, 1978. p. 134.

Portanto, ensina o referido Mestre[18], a ação consiste no direito de pedir a tutela jurisdicional do Estado, para ser atendida uma pretensão insatisfeita. Apresenta-a o titular do *ius actionis,* como o pedido, quando adequadamente ajuizada a ação, isto é, quando levada a pretensão, por meio da *actio* ao órgão jurisdicional.

Demonstrado, pois, que a pretensão apresenta-se como elemento comum ao direito material e direito processual e que, portanto, as partes se relacionam nos dois planos porque a lide objetiva resguardar uma pretensão qualificada de insatisfeita.

Colocada a questão no sentido de que o objeto material da relação jurídica instrumental é a pretensão consubstanciada na sanção contida no pedido, podemos deixar consignado que, no processo de execução a mesma está representada no título que é condição necessária e suficiente da execução forçada.

Igualmente, utilíssima se torna a definição de *Rogério Lauria Tucci*[19] para quem a palavra "pretensão" se constitui na "declaração de vontade impositiva, formulada em face de outrem, a fim de obter-se a satisfação de um interesse".

Também o saudoso Professor *José Frederico Marques*[20] lecionava que a pretensão consiste na posição subjetiva de poder exigir de outrem uma prestação positiva ou negativa, exigência essa a ser formalizada somente após a data do vencimento da obrigação, constituindo-se em um estágio intermediário entre o direito subjetivo e o seu efetivo exercício diante do Estado.

Conseqüentemente, se nos afigura possível a afirmação de que o objeto da prestação jurisdicional está consubstanciado na pretensão a ser deduzida em nível judicial e que a mesma se compõe, essencialmente, de um elemento volitivo que tem suporte no nascimento da relação jurídica de direito material e, especificamente, no direito subjetivo do sujeito ativo de reivindicar o cumprimento da obrigação, face ao dever jurídico que incide sobre o sujeito passivo do vínculo.

Conforme salientam *Antonio Carlos Araújo Cintra, Ada Pellegrini Grinover* e *Cândido Rangel Dinamarco*[21]:

> "Caracterizada a insatisfação de alguma pessoa em razão de uma pretensão que não pôde, ou de qualquer modo não foi satisfeita, o Estado poderá ser chamado a desempenhar a sua função jurisdicional; e ele o fará em cooperação com ambas as partes envolvidas no conflito ou com uma só delas (o demandado pode ficar revel), segundo um método de

---

(18) Ob. cit., p. 135.
(19) *Do julgamento conforme o estado do processo.* 3. ed. São Paulo: Saraiva, 1988. p. 3.
(20) *Instituições de direito processual civil.* V. I. Rio de Janeiro: Forense, 1958. p. 50/51.
(21) *Teoria geral do processo.* São Paulo: Malheiros Editores, 1992. p. 40/41.

trabalho estabelecido em normas adequadas. A essa soma de atividades em cooperação e à soma de poderes, faculdades, deveres, ônus e sujeições que impulsionam essa atividade dá-se o nome de *processo*."

E chama-se *direito processual* o complexo de normas e princípios que regem tal método de trabalho, ou seja, o exercício conjugado da jurisdição pelo Estado-juiz, da ação pelo demandante e da defesa pelo demandado.

Direito material é o corpo de normas que disciplinam as relações jurídicas referentes a bens e utilidades da vida (direito civil, penal, administrativo, comercial, tributário, trabalhista, etc.).

O que distingue fundamentalmente direito material e direito processual é que este cuida das relações dos sujeitos processuais, da posição de cada um deles no processo, da forma de se proceder aos atos deste — sem nada dizer quanto ao bem da vida que é objeto do interesse primário das pessoas (o que entra na órbita do direito substancial).

O direito processual é assim, do ponto-de-vista de sua função puramente jurídica, um *instrumento* a serviço do direito material: todos os seus institutos básicos (jurisdição, ação, exceção, processo) são concebidos e justificam-se no quadro das instituições do Estado pela necessidade de garantir a autoridade do ordenamento jurídico. O objeto do direito processual reside precisamente nesses institutos e eles concorrem decisivamente para dar-lhe sua própria individualidade e distingui-lo do direito material.

A Instrumentalidade do Processo

Seja ao legislar ou ao realizar atos de jurisdição, o Estado exerce o seu *poder* (poder estatal). E, assim como a jurisdição desempenha uma função instrumental perante a ordem jurídica substancial (para que esta se imponha em casos concretos), — assim também toda a atividade jurídica exercida pelo Estado (legislação e jurisdição, consideradas globalmente) visa a um objetivo maior, que é a pacificação social. É antes de tudo para evitar ou eliminar conflitos entre pessoas, fazendo justiça, que o Estado legisla, julga e executa (o escopo social magno do processo e do Direito como um todo).

O processo é, nesse quadro, um *instrumento a serviço da paz social*.

Falar em instrumentalidade do processo, pois, não é falar somente nas suas ligações com a lei material, o Estado é responsável pelo bem-estar da sociedade e dos indivíduos que a compõem; e, estando o bem-estar social turbado pela existência de conflitos entre pessoas, ele se vale do sistema processual para, eliminando os conflitos, devolver à sociedade a paz desejada. O processo é uma realidade desse mundo social, legitimada por três ordens de objetivos que por meio dele e mediante o exercício da jurisdição o Estado persegue: sociais, políticos e jurídico. A consciência dos escopos da jurisdição e sobretudo do seu escopo social magno de pacificação social (v. *supra*, n. 4) constitui fator importante para a compreensão da instrumentalidade do processo, em sua conceituação e endereçamento social e político.

Por outro lado, a instrumentalidade do processo, aqui considerada, é aquele aspecto positivo da relação que liga o sistema processual à ordem jurídico-material e ao mundo das pessoas e do Estado, com realce à necessidade de predispô-lo ao integral cumprimento de todos os seus escopos sociais, políticos e jurídico. Falar da instrumentalidade nesse sentido positivo, pois, é alertar para a necessária efetividade do processo, ou seja, para a necessidade de ter-se um sistema processual capaz de servir de eficiente caminho à *"ordem jurídica justa"*. Para tanto, não só é preciso ter a consciência dos *objetivos a atingir*, como também conhecer e saber superar os *óbices econômicos* e jurídicos que se antepõem ao livre acesso à justiça (v. *supra*, n. 8).''

Dissertando sobre as dimensões material e processual do pedido, *Araken de Assis*[22] leciona que "consistindo a ação processual veículo neutro e universal de quaisquer direitos subjetivos, o que varia, e com ela o tipo de tutela, é a ação material. Por isso, a classificação das ações, ou das sentenças, haja vista o princípio da correlação entre o *petitum* e o provimento definitivo da causa, devidamente elevada à quinária, pertine ao plano material.

O tipo de tutela revela claramente o agir privado, ou seja, aquilo que o cidadão realizaria, pelas próprias forças e independentemente da vontade de outrem, a fim de impor o direito subjetivo contestado. E o bem da vida que, com esta ação, se alcançaria, constitui o outro lado do pedido. Em última análise, portanto, o bem da vida constitui o objeto da prestação do direito subjetivo material.

Classifica-se o pedido, ou objeto, tradicionalmente, em mediato e imediato. Aquele é o bem da vida, e este o tipo de providência requerida ao juiz. *Barbi*, entretanto, afirma que o CPC desconhece a distinção. *Buzaid*, de sua vez, repele a crítica, aduzindo que, nas ações declaratórias, se confundem os objetos mediato e imediato, e, caso adotasse o discrímen no art. 301, § 2º, do CPC, incorreria em erro. *Giannozzi* estende a equivalência também às ações constitutivas.

Divide-se o objeto, também, em material e processual. O primeiro fornece o mérito e significa o Direito Material deduzido na demanda; o outro se expressa no provimento, declaratório, constitutivo ou condenatório requerido ao órgão jurisdicional.

Em outras palavras e como ficou consignado em nosso "Relação Jurídica Tributária Instrumental", enquanto o direito material engloba a formação do estudo que irá determinar o nascimento do fato jurídico que possibilitará o nasci-

---

(22) *Cumulações de ações*. 1. ed., 2. tir. São Paulo: Rev. Trib., 1989. p. 132.

mento do vínculo abstrato, o direito instrumental, servindo de fundamento para a manifestação da pretensão do sujeito ativo de receber o que lhe é devido, torna perceptíveis os elementos que compõem a sua vontade funcional.

Assim, o estudo da relação jurídica instrumental permite ao interessado a análise da factibilidade da norma de incidência do tributo, e, por conseqüência, o conhecimento da exeqüibilidade da pretensão do sujeito ativo e, ao mesmo tempo, a formulação de tese oponível pelo sujeito passivo.

Conseqüentemente, reafirmamos que o direito instrumental engloba o direito material porque retrata a fase de formação da relação jurídica instaurada e fornece a descrição dos elementos que serviram de fundamento metodológico para a expressão da vontade de um dos sujeitos que compõem o vínculo relacional.

Portanto, importante se torna destacar que o direito material determina o nascimento do fato jurídico, sendo que o direito instrumental torna factível o estudo do vínculo abstrato, representado pela relação jurídica, no plano eficacial.

Por conseqüência, a lei que possibilita equacionar o fato jurídico, que dá nascimento à obrigação, compõe o substrato da relação substantiva que identifica o direito material. A partir do nascimento da relação jurídica tem início a fase de direito instrumental ou formal ou adjetivo, com o nascimento da relação processual administrativa e judicial.

Outrossim, afigura-se-nos inquestionável que, em nível administrativo, o direito instrumental consubstancia a pretensão do sujeito ativo de constituir o crédito, nos termos do disposto na lei processual adjetiva, ou seja, objetivando a sua comprovação com as características da certeza, liquidez e exigibilidade a fim de torná-lo capaz de chegar ao nível judicial com possibilidade jurídica de subtrair parte ou a totalidade do patrimônio do sujeito passivo.

Assim, em função da norma secundária (perinorma) que disciplina a conduta descumpridora (ilícito), o sujeito ativo poderá se socorrer do Poder Judiciário para iniciar, com a interposição da ação de execução, o nível judicial que abrigará a sua pretensão de dar início à lide que permitirá a subtração de parcela do patrimônio do devedor, iniciativa essa que poderá ser enfrentada juridicamente pelo Mandado de Segurança, pela Ação Declaratória, pela Ação Anulatória, pela Ação de Repetição de Indébito ou pela Ação de Consignação em Pagamento, ações essas de competência, unicamente, do sujeito passivo.

Cumpre, ainda, assinalar que, tanto a ação de iniciativa do sujeito ativo como as ações de competência do sujeito passivo formalizam relações jurídicas processuais sujeitas a um objeto de natureza material, que é a pretensão deduzida, bem como um objeto de natureza formal, que diz respeito às condições da ação, ou seja, à sua possibilidade jurídica, à legitimação para agir e o interesse processual, previstos no art. 267, VII do CPC.

Admitindo-se, então, a relação jurídica como expressão do fenômeno normativo, vamos tomar o direito material como o estudo desse vínculo abstrato que, ao nascer, liga o sujeito ativo ao sujeito passivo, constituindo-se na parte substantiva de formação da obrigação (lei + fato jurídico = obrigação). Já o direito formal se constitui na legitimação para agir, referentemente ao sujeito ativo, razão pela qual, tanto em nível administrativo, quanto em nível judicial, adjetiva ou instrumentaliza a pretensão do sujeito ativo de receber o que julga lhe é devido (lei + fato jurídico + norma individual e concreta = relação jurídica instrumental).

Tratando do "Adimplemento e o Inadimplemento das Obrigações no Novo Código Civil", *Judith Martins-Costa*[23] leciona excelentemente:

"Para melhor compreender a novidade estrutural do novo Código, façamos a comparação com o que se lhe antecedia. O Código de *Bevilaqua* elencava as regras acerca do adimplemento no Título II do Livro III da Parte Especial (Do Direito das Obrigações) sob a genérica denominação "Dos Efeitos das Obrigações". Este elenco de regras vinha posto misturadamente às regras sobre o inadimplemento (Capítulo XIII), subseqüente à parte onde estavam classificadas as "Modalidades das Obrigações" (Título I), e antecedentemente ao Título relativo ao fenômeno da transmissão das obrigações (reduzido ao caso da Cessão de Crédito, no Título III).

1. A estrutura do adimplemento e a processualidade do iter obrigacional

O novo Código, diferentemente, introduz nesta matéria alteração metodológica que deve ser bem realçada. Atento à diretriz sistemática que norteou a sua elaboração, e calcando esta diretriz na noção de estrutura, tão cara ao pensamento do Presidente da Comissão Elaboradora do Anteprojeto, *Miguel Reale*, o Código ora vigorante discerniu entre as *fases de criação do vínculo, seu desenvolvimento e de seu desaparecimento*. Este último restou distinguido entre o modo norma ou habitual (adimplemento) e o patológico (inadimplemento), localizado em Título diverso (IV).

Para tal fim o Código situou, no Título I, as modalidades das obrigações — que — marcam as formas que podem revestir a sua origem, ou nascimento — arrumando, no Título II, a sua mobilidade, pelos meios de transmissão das obrigações, quais sejam, a cessão de crédito e assunção de dívida, localizando, no Título III, as formas pelas quais o vínculo é extinto pelo adimplemento, que é o seu fim, cuidando, no Título IV, da patologia da relação, a saber, das formas e dos efeitos do inadimplemento.

---

(23) *O novo código civil — Estudos em homenagem ao prof. Miguel Reale*. São Paulo: LTr, 2003. p. 331 e segs.

No Título III, ao invés de englobar, assistematicamente, todas as formas pelas quais a relação obrigacional pode desaparecer, cuidou-se especificamente do cumprimento (adimplemento, ou ainda, pagamento), seja o cumprimento direto voluntário e adequado pelo devedor, correspondente ao conceito técnico ou estrito de adimplemento, seja o chamado cumprimento indireto, tudo nomeando, com maior rigor técnico, "Do Adimplemento e Extinção das obrigações".

Orientação semelhante, no sentido da autonomização do adimplemento, haviam tido os Códigos Civis italiano e português, seguindo a tendência de dar ao adimplemento lugar de destaque no seio do tecido obrigacional.

Foi esta importância vital do adimplemento na economia da relação obrigacional que o novo Código pretendeu realçar, inserindo o tema em capítulo autônomo. Adquiriu, assim, novo realce a pioneira concepção de *Couto e Silva*, que já dera frutos na doutrina e na jurisprudência. Cabe, por isto, acentuá-la, pois se percebe, na concepção do novo Código, a atenção dada pela estrutura e conseqüente método classificatório adotado no Direito das Obrigações à análise interna, e não meramente à classificação extrínseca, das relações jurídicas obrigacionais.

2. A análise interna da relação

Esclareçamos, desde logo, a análise externa, centrada no método tradicional, percebe a relação obrigacional tão-somente como um vínculo estruturado sobre dois pólos (credor e devedor), ligados pelos co-respectivos direitos e deveres. Para uma tal análise, o mais relevante é descrever os "elementos constitutivos" da relação, visualizados *in abstracto*: os sujeitos (credor e devedor), o objeto (a prestação, o dar, fazer ou não fazer), os requisitos legais e os elementos acidentais, quando ocorrentes. Porém, não se ocupa em visualizar como tais direitos e deveres se estruturam, muitas vezes em *diferentes graus de intensidade*; nem como podem, alguns deles, nascer depois de criada a relação, ou como se desenvolvem no tempo; ou como podem parcialmente cessar, ou subsistir, ou modificar-se, consoante as vicissitudes da realidade, sem que se perca, por isso, a unidade finalista da relação.

Mas é esse, justamente, o papel da análise interna que, centrada na noção de adimplemento como atuação concreta do programa obrigacional, tem presente a concretude das circunstâncias nas quais se desenvolve a relação. A análise interna considera o fenômeno obrigacional em sua totalidade concreta, isto é, como aquela composta por um dinâmico "todo" de direitos, deveres, faculdades, ônus, expectativas legítimas, etc., finalisticamente interligados ou coligados. O método centrado na análise interna pode, por isso, auxiliar a normatização das relações sociais, tendo presente um conteúdo o mais possível coerente com as peculiaridades das pessoas e com os valores expressos pelo Ordenamento. Daí a importância dos antes aludidos conceitos flexíveis ou "fórmulas ordenadoras" que ensejam a concreção."

Conseqüentemente, se nos afigura que, para ser possível representar graficamente uma Teoria Geral do Direito que pudesse orientar o pensamento do estudioso da matéria no sentido de entender o mecanismo da evolução de uma relação jurídica desde o seu nascimento, seguindo o seu desenvolvimento até atingir a fase de extinção, necessário se torna novamente transcrever os ensinamentos de *Antonio Carlos de Campos Pedroso*[24] que assim leciona:

> As leis, isto é, as normas jurídicas de caráter genérico e abstrato, contêm duas partes: a hipótese e o dispositivo legal. Estas duas partes, segundo a lição de *Eduardo García Máynez*, revestem-se do requisito da generalidade porque "indicam as notas comuns relativas a um número indefinido de casos, cujas particularidades individuais não têm sido nem podem ser tomadas em conta pelo autor da lei". Isto significa que elas incidem sobre todos os que se encontrarem na situação descrita. Tais pessoas formam, do ponto de vista lógico, uma classe: a classe dos obrigados ou a classe dos pretensores. A norma não se refere a sujeitos determinados, mas, indistintamente, a todos os que se enquadrarem na classe referida pelo preceito legal. A generalidade diz respeito, portanto, à classe dos destinatários, aqueles que podem ser atingidos pelo preceito.
>
> Como a norma vale para os casos concretos, ela exige a individualização.
>
> Mas não é só. As leis têm caráter abstrato. Os conceitos que correspondem às disposições normativas, adianta o citado jurista, não designam direitos subjetivos e deveres jurídicos devidamente especificados, mas sim direitos e deveres de um certo tipo. Nessa hipótese, a norma se refere a uma classe de direitos e a uma classe de obrigações. A disposição normativa é, assim, abstrata. A abstração diz respeito às conseqüências previstas no preceito.
>
> Em suma: a generalidade caracteriza a classe dos destinatários obrigados ou pretensores; a abstração, a classe das conseqüências: direitos subjetivos e deveres jurídicos.
>
> Exemplificando, poderíamos citar a norma do art. 1.122 do Código Civil. A norma não obriga ou faculta a um vendedor ou a um comprador individualmente e também não especifica em concreto o objeto da venda com seus característicos próprios nem diz com exatidão os valores correspondentes ao preço.
>
> As normas, em razão destas características, têm que ser individualizadas para a devida especificação da abrangência dos direitos e dos deveres de pessoas concretas que participaram da relação jurídica.
>
> Por outras palavras: a norma jurídica é genérica, porque se refere a pretensores e obrigados pertencentes a determinada classe; e é abstrata, porque se

---

(24) Ob. cit., p. 101/104.

refere a hipóteses e conseqüências legais de uma certa classe. No primeiro caso, a generalidade está ligada à classe dos destinatários; no segundo, à dos fatos e suas conseqüências.

Coerente com esse ponto de vista, *Eduardo García Máynez*, em outra obra, ou seja, na "Lógica del reciocinio jurídico", recomenda ao magistrado a tarefa individualizadora, que deve ser *tríplice*. A individualização deve ocorrer com relação aos fatos condicionantes, às conseqüências normativas e à indicação dos facultados e obrigados.

Diz, *in verbis*, *Crisafulli*: "o fato de o negócio jurídico criar relações entre as partes, isto é, obrigações e direitos de uma parte a outra, não exclui, mas, pelo contrário, significa precisamente que ele estabelece a norma jurídica ou a regra que deve ser seguida nas relações recíprocas".

Observa, também, *Passerin D'Entrèves* que *o negócio é um fato que contém em si direito*. Realmente, a existência de uma relação jurídica exige, como pressuposto, a existência de uma norma de direito objetivo. Se há um novo direito subjetivo e um novo dever jurídico, especificados no negócio, deve haver uma nova norma. Se se afirma que do negócio provêm relações jurídicas, já se reconhece implicitamente seu caráter normativo, porque relações jurídicas só podem provir de normas jurídicas.

O negócio jurídico não é a mesma coisa que o ato jurídico *stricto sensu*, que não contém realidade normativa. O ato jurídico *stricto sensu* determina, de imediato, a produção dos efeitos previstos na norma genérica. Decorrem tais efeitos, imediatamente, dos imperativos legais. O negócio jurídico tem conteúdo normativo próprio. Sua função não é apenas a de dar existência à *fattispecie* a que a norma jurídica vincula determinadas conseqüências. O negócio é fonte de efeitos jurídicos em concomitância com a lei. É ato e é norma. É ato porque consiste na realização da *fattispecie*; mas, é norma, porque, ao mesmo tempo que a *fattispecie* se realiza, são especificados os direitos subjetivos e os deveres jurídicos que devem vincular *in concreto* os participantes do ato. Logo, *é disciplina específica decorrente da disciplina genérica*.

Conforme o ângulo em que é considerado, aparece como ato ou como norma. Como *ato*, o negócio enseja a realização do tipo descrito na norma genérica. Como *norma*, estabelece, de forma concreta e circunstanciada, a disciplina da relação, especificando o conteúdo e o modo de ser dos direitos subjetivos e deveres jurídicos que a norma genérica programou em abstrato."

II

NORMA, FATO E FATO JURÍDICO

Como introdução ao tema, servimo-nos das lições de *Marcos Bernardes de Mello*[1] para demonstrar a estreita correlação entre a norma e o fato, para salientar que o direito material abriga o vínculo abstrato que liga os sujeitos de direito, para definir, assim, o que denominamos de "relação jurídica como conceito fundamental do Direito".

Assim, selecionamos para o leitor os seguintes tópicos extraídos dos seus ensinamentos para o balizamento dos estudos ora tratados. Leciona o Mestre:

a) O Direito valora os fatos e, por meio das normas jurídicas erige à categoria de fato jurídico aqueles que têm relevância para o relacionamento inter-humano;

b) Somente o fato que esteja regulado pela norma jurídica pode ser considerado um fato jurídico, ou seja, um fato gerador de direitos, deveres, pretensões, obrigações ou de qualquer outro efeito jurídico, por mínimo que seja;

c) A norma jurídica é quem define o fato jurídico e, por força de sua incidência, gera o mundo jurídico, possibilitando o nascimento de relações jurídicas com a produção de toda a sua eficácia, constituída por direitos, deveres, pretensão, obrigações, ações, exceções e outras categorias eficaciais. Conseqüentemente, somente pode incidir após estar em vigor (a incidência é *posterius* em relação à vigência);

d) Somente depois de gerado o fato jurídico, por força da *incidência* é que se poderá falar de situações jurídicas e todas as demais categorias de efeitos jurídicos (*eficácia jurídica*).

II.1. NORMAS DE DIREITO PÚBLICO E NORMAS DE DIREITO PRIVADO: VONTADE AUTORITÁRIA E ACORDO DE VONTADES

Considerado o elemento volitivo como "cerne do suporte fáctico", na expressão de *Marcos Bernardes de Mello*, podemos dizer que as normas de direito

---

(1) *Teoria do fato jurídico — Plano de existência*. São Paulo: Saraiva, 2007.

público estabelecem relações originadas de atos jurídicos cujos efeitos nascem independentemente da vontade dos sujeitos que compõem a relação jurídica instaurada (ato jurídico *stricto sensu*). Ex.: ato praticado que *de per se* é suficiente para estabelecer o vínculo relacional. Por sua vez, as normas de direito privado estão caracterizadas pela vontade na elaboração do ato jurídico cujos efeitos estão previamente disciplinados pela norma posta (ato jurídico *lato sensu*). Ex.: o negócio jurídico contratado entre as partes.

O saudoso Prof. *Oswaldo Aranha Bandeira de Mello*[2] estabelece didaticamente as diferenças fundamentais das normas em comento. Diz o Mestre:

"O objetivo do Direito Público é o bem comum a ser alcançado pelo Estado, valendo-se para tanto de processos técnicos apropriados, de manifestação de vontade autoritária, de dar a cada um o que lhe é particularmente devido, mas o que lhe é devido como participante do todo social. Já o objeto do Direito Privado é o bem de cada um, a ser alcançado pelos indivíduos como partes do todo social, utilizando-se de processos técnicos para isso adequados, de livre acordo de vontades, ou ao menos de livre aquiescência de vontades, dentro dos limites impostos pelo Estado, que, assim, de modo mediato trabalha, ainda, para o bem comum.

A distinção do Direito em público e privado não quebra a unidade da ordem jurídica, pois com ela se não pretende dividir o direito em duas ciências em apartado, mas considerar dois aspectos fundamentais de uma mesma ciência.

Por outro lado, a circunstância de certas relações jurídicas, em dado momento histórico ou segundo a organização dos povos, se classificar diferentemente, ora no direito público, ora no privado, não prejudica a fixação de um critério diferenciador desses ramos jurídicos.

Em virtude de razões históricas, em determinada oportunidade, se pode entender que certas relações jurídicas atendem antes ao bem individual que ao interesse coletivo. Então, em vez de o Estado participar delas, como poder público, as normas jurídicas as deixam inteiramente aos particulares, que se colocam numa posição de igualdade, mediante acordo de vontades. Se, em outras ocasiões, se pretende que essas mesmas relações interessam imediatamente à coletividade, dizem respeito ao bem comum, as normas jurídicas fazem o Estado participar delas como poder público, e se coloca numa posição de superioridade ante os particulares, impondo autoritariamente a sua vontade. Igualmente, em face da organização dos povos, da conjuntura social em que se encontram, tal diversidade de regime existe.

---

(2) *Princípios gerais de direito administrativo*. 2. ed. V. I. Rio de Janeiro: Forense, 1979. p. 18.

Isso não infirma a distinção entre esses dois ramos jurídicos, apenas permite, conforme as exigências históricas ou tendências do governo, se sujeite as relações jurídicas a institutos de direito público ou de direito privado, segundo a norma de direito reguladora dessas relações."

Os ensinamentos do inesquecível Mestre leva o estudioso da matéria a colocar em evidência os conceitos de "vontade autoritária"ao estabelecer uma relação obrigacional com o Poder Público quando está em jogo o interesse coletivo e o de "acordo de vontades" quando a questão cinge-se, exclusivamente ao interesse individual das partes.

Portanto, mesmo que o sujeito passivo da obrigação queira cumprir o dever jurídico contido na relação, a providência não será possível se o fato jurídico não estiver relatado linguisticamente.

Conseqüentemente, podemos equacionar a natureza jurídica e os elementos do documento que instrumentalizam a pretensão do sujeito ativo da relação jurídica de direito material da seguinte maneira:

Segundo lição de *Araken de Assis*[3], os requisitos propostos por *Liebman* para que o sujeito ativo possa externar a sua pretensão são: o título (arts. 583 a 586 do CPC) e o seu respectivo inadimplemento (arts. 580 a 582) que representam as condições da própria ação de execução, que objetiva a expropriação patrimonial do sujeito passivo.

No mesmo sentido, cita *Carnelutti*, para quem a pretensão, consubstanciada no processo de execução do sujeito passivo necessita da prova da sua conformidade com o direito. Para isso exige a exibição do título que atesta a existência de um direito, recepcionando a concepção de *Mortara, Ricci* e *Manfredini* que "visualizavam no título ato documentado, atualizando-a na fórmula 'documento do ato'".

Assim, prossegue *Araken de Assis* por observar que, para *Liebman*, o título representa "toda a energia necessária" para o procedimento *in executivis*, o que significa dizer que "a lei abstrai-lhe a causa, isolando o título do mecanismo da sua formação, portanto do próprio crédito, que se funda no direito material", contrariando, portanto, a teoria de *Carnelutti* cuja função primordial é a prova do direito material que se apresenta como o crédito cuja pretensão está sendo retratada.

Tentando demonstrar que as duas correntes devem ser entendidas englobadamente, *Sérgio Shimura*[4], Professor de Direito Processual Civil da PUC/SP em sua tese de doutorado adota o entendimento de que o título, como instru-

---

(3) *Manual do processo de execução*. São Paulo: Rev. Trib., 1995. p. 114 e segs.
(4) *Título executivo*. São Paulo: Saraiva, 1977. p. 109.

mento formal, apresenta-se sob dois aspectos: o conteúdo e o continente. Para o referido Autor, citando *Satta, conteúdo é o ato jurídico que instaura o poder de dispor da sanção. Continente é o documento no qual o ato jurídico se insere.*

Por conseqüência evoca *Costa e Silva* para quem o CPC admite o título em sua concepção bifronte:

> Basta que se atente para o fato de que não é somente o título de execução (art. 583) o pressuposto da execução. É também o inadimplemento do devedor (art. 580), verificado somente quando existe uma situação de fato que indique que o devedor não satisfez espontaneamente o direito reconhecido pela ou a obrigação, a que a lei atribui eficácia executiva. Juridicamente, o título executivo não é somente um documento (continente) a fazer prova legal da existência de um ato jurídico, setencional ou negocial. Nem tampouco um ato jurídico (conteúdo) pelo qual uma determinada pessoa fica obrigada a uma prestação. É uma conjugação desses dois elementos, porquanto representa um documento que tem como conteúdo um ato jurídico.

Lastreado nessas noções, propõe *Sérgio Shimura*[5] o conceito de título executivo "como o documento ou o ato documentado, tipificados em lei, que contêm uma obrigação líquida e certa e que viabilizam o uso da ação executiva".

O nosso pensamento a respeito da matéria tende a admitir, sem reservas, que, o título que instrumentaliza a pretensão do sujeito ativo da relação de direito material reúne as duas características mencionadas pelos autores aqui citados: é ato jurídico e, ao mesmo tempo é também documento, a teor dos ensinamentos de *José Frederico Marques*[6] que adotamos integralmente. Leciona o Mestre:

> ... Compõe-se o título executivo, portanto, de elementos substanciais e elementos formais, bem como de dados objetivos e subjetivos que identificam e individualizam a prestação. Esta constitui o núcleo da figura típica do título executivo e o seu conteúdo fundamental, enquanto que as formalidades instrumentais compõem o envoltório ou continente do título.
>
> A própria lei escrita deixa isto bem claro quando no art. 585, § 2º, alude "aos requisitos de formação exigidos pela lei" (elementos formais do título), e quando fala, no art. 580, parágrafo único, em "direito reconhecido pela sentença" ou "obrigação", que a lei atribuir a eficácia de título executivo (elementos substanciais do título).

---

(5) Ob. cit., p. 112.
(6) *Manual de direito processual civil*. 2. ed. V. IV. São Paulo: Saraiva, 1979. p. 20.

Abrimos um parênteses para chamar a atenção para uma questão que entendemos de extrema importância, relativa à formação do título que representa substancialmente uma relação jurídica de direito material e o título que traduz uma relação jurídica de direito privado, nascida por força de um pacto entre as partes. É que, as duas espécies de relações jurídicas têm como elemento divisor a vontade das partes. Na primeira o vínculo nasce independentemente da vontade das partes, face à ocorrência pura e simples de um fato jurídico previamente previsto em lei, enquanto que, na segunda (por acordo entre as partes) a vontade é fato inafastável para a criação do referido vínculo.

Em outras palavras, o que queremos salientar para a reflexão dos estudiosos da matéria ora tratada, é que o título que fundamenta a pretensão do sujeito ativo da relação de direito material entre o particular e o Poder Público objetivando o interesse coletivo tem característica diversa daquele que representa a relação de direito material entre as partes contratantes porque o primeiro tem origem em um ato jurídico *stricto sensu*, enquanto que o segundo tem por lastro um negócio jurídico, produto da realização da vontade individual dos contratantes.

A exposição da matéria ficará melhor delineada, a partir do Gráfico Expositivo da "Teoria do Fato Jurídico", idealizado com suporte na concepção de *Marcos Bernardes de Mello*[7], que elege o elemento volitivo como "cerne do suporte fáctico", que, para o Autor, é qualquer fato, evento ou conduta "que poderá ocorrer no mundo e que, por ter sido considerado relevante, tornou-se objeto da normatividade jurídica".

---

(7) *Teoria do fato jurídico* — plano de existência. São Paulo: Saraiva, 2007.

Gráfico Expositivo da "Teoria do Fato Jurídico"

Segundo a concepção de Marcos Bernardes de Mello — "O elemento volitivo como cerne do suporte fáctico".

I. FATO JURÍDICO lato sensu
Fato Jurídico é o fato sobre o qual incidiu a regra jurídica.

- **a) Conforme ao direito (lícitos)**
  - **a) Fato Jurídico strictu sensu**: simples fato da natureza: prescinde do ato humano
  - **b) ato-fato jurídico**: considerado pelo **resultado** fático, prescinde da vontade em praticá-lo. Ex.: indústria legalmente estabelecida que causa **danos** a terceiros. Defensor da posse que excede os limites e atinge terceiros
  - **c) ato jurídico lato sensu**: "é o fato jurídico cujo suporte fático tenha como cerne uma exteriorização consciente da vontade, dirigida a obter um resultado juridicamente protegido ou não proibido e possível."
    → **cerne: ato humano**
    - **1. ato jurídico stricto sensu**: fato jurídico que tem por elemento nuclear do suporte fático manifestação ou declaração unilateral de vontade cujos efeitos jurídicos são prefixados pelas normas jurídicas, não cabendo às pessoas qualquer poder de escolha da categoria jurídica ou de estruturação do conteúdo das relações jurídicas respectivas.
    - **2. negócio jurídico**: instrumento de realização da vontade individual = declaração da vontade objetivando um efeito jurídico

- **b) Contrário ao direito (ilícitos) lato sensu** — importa sempre em contrariedade ao direito e implica na violação de normas
  - **a) fato ilícito stricto sensu**: tem o efeito de criar obrigações a quem esteja a ele ligado como imputável. Ex.: avulsão
  - **b) ato-fato ilícito**: a norma jurídica abstrai a vontade em praticá-lo. Atinge a terceiro.
  - **c) ato ilícito**:
    - **absoluto (stricto sensu)** = viola direito de terceiro
    - **relativo** = viola direitos (negócio jurídico ou ato jurídico)
    - **nulificante** = enseja a invalidade do ato
    - **caducificante** = tem por efeito a perda de um poder (ex.: pátrio-poder)

---

1) **Ato Jurídico** = fato jurídico cujo suporte fático tenha como **cerne** uma exteriorização consciente de vontade dirigida a obter um resultado juridicamente protegido.

2) **Elementos nucleares (cerne) diferenciais**:
   a) conformidade ou não conformidade do fato com o direito: lícito ou ilícito
   b) presença ou não de **ato volitivo** no suporte fático hipotético.

Na abalizada lição do citado Mestre[8]:

"...no trato do direito é indispensável considerar, no mundo (geral), a dicotomia *fatos e fatos jurídicos*. A correta percepção dessa realidade levou *Pontes de Miranda* a adotar a essencial distinção, rigorosamente lógica, entre mundo dos fatos (= parte do mundo composta dos fatos não-jurídicos) e mundo jurídico parte do mundo formado pelos fatos jurídicos). O mundo jurídico constitui a parte do mundo (geral) formada, exclusivamente, por fatos jurídicos e onde se irradia a eficácia jurídica própria atribuída a cada um deles. No mundo jurídico, por essa razão, somente são admitidos os fatos que as normas jurídicas qualificam como jurídicos. A juridicização do fato cria *fato novo* no mundo (o fato jurídico), distinto do fato que constituiu seu suporte fáctico. Por isso e em decorrência de seu caráter lógico, a incidência apanha o fato, o faz jurídico, sem, contudo, excluí-lo do mundo em geral ou alterá-lo em sua substância. Assim é que o mesmo fato pode entrar várias vezes no mundo jurídico, compondo *n* suportes fácticos, simultaneamente ou não. A posse de Cesar sobre o imóvel *I*, por exemplo, pode ser suporte fáctico *(a)* do usucapião, *(b)* de interditos possessórios, *(c)* da tradição a Caio,

Os fatos irrelevantes para o direito é que, por não serem adjetivados como jurídicos, não têm acesso ao mundo jurídico, permanecendo no mundo dos fatos, sem poder gerar qualquer conseqüência jurídica. Isso não quer dizer, porém, que o mundo jurídico seja um compartimento estanque dentro do mundo em geral. Ao contrário, o mundo jurídico integra o mundo geral. Os fatos jurídicos coexistem e convivem com os fatos não juridicizados. O fato jurídico é fato do mundo, apenas *qualificado, especificado* (= *tornado espécie*) por força da incidência, de modo que *está* no mundo geral, mas *com uma adjetivação a mais: jurídico*. Por isso, *Pontes de Miranda*, que considera a incidência infalível, a compara a uma prancha de impressora que *colore* o fato como jurídico. É como se a norma jurídica nele gravasse o sinete de *jurídico*. Essa *marca* (jurídico) constitui o dado que o distingue dos outros fatos (= não-jurídicos). Reconhecer e identificar no mundo geral o fato jurídico e distingui-lo dos fatos não-jurídicos constitui operação que possibilita a boa aplicação do direito."

---

(8) *Teoria do fato jurídico* — plano de eficácia — 1ª Parte. 2. ed. São Paulo: Saraiva, 2004. p. 7.

III

RELAÇÃO JURÍDICA COMO CONCEITO FUNDAMENTAL DO DIREITO

A expressão "relação jurídica" indica em sua plenitude todo o mecanismo que rege o campo sistemático do Direito, eis que representa o fenômeno normativo na sua essência mais pura.

Assim, aquele que se propõe a estudar o Direito como ciência, não poderá fazê-lo sem conhecer as noções mais singelas do fenômeno normativo, admitindo-se o fato inconteste de que ele pode ser definido como o complexo ou sistema de normas que regulam coercitivamente a conduta humana.

Em outras palavras, transcrevendo lição de *Lourival Vilanova*[1]:

"O conceito de relação jurídica é um dos conceitos fundamentais, por isso que o seu estudo compete à Teoria Geral do Direito. Não é um conceito só específico do direito privado, ou só do direito público; atravessa universalmente todos os subdomínios do direito positivo. Sobre ele convergem as denominadas 'partes gerais' de cada subcampo (do direito civil, do direito processual, do direito penal, etc.). Mas, por maior que seja o grau de generalidade do conceito de relação jurídica, obtido nessas partes gerais, sempre persiste nessa generalidade algo de especificamente material: obtém-se em cada 'parte geral' o específico, que é um nível de generalidade. Não, porém, o conceito fundamental, no sentido de Somlò.

Conceito fundamental é aquele sem o qual não é possível ordenamento jurídico. O mero conceito geral se encontra nos subdomínios do direito, mas dele pode prescindir. O conceito fundamental (Grundbegriff) este é condição da possibilidade do direito positivo e da Ciência do Direito positivo, para dizermos em léxico bem kantiano. Assim, temos o conceito de norma, de fato jurídico, de sujeito-de-direito, de relação jurídica, de objeto, de fonte técnica ou formal (modo de produção de normas), de hipótese fática, de efeito jurídico, de causalidade jurídica, de

---

(1) *Causalidade e relação no direito*. 2. ed. São Paulo: Saraiva, 1989. p. 160 e segs.

norma primária e de norma secundária, de direito subjetivo e de dever subjetivo (dever jurídico): todos esses conceitos pertencem ao nível da Teoria Geral do Direito. Em nível de abstração formalizadora, alcançamos as contrapartes lógicas de tais conceitos".

De se frisar que, anteriormente, o mesmo Autor já deixara consignado que:

"não é suficiente só a norma para que se projete, do lado da realidade, a relação jurídica. Sem fato natural ou sem ato (conduta) do homem não sobrevém. A norma, com uma órbita de validade, da qual provém seu campo de incidência, toma o fato ou o ato, que corresponde ao seu pressuposto ou hipótese de incidência, e incide nele, fazendo-o fato jurídico. Não há fato jurídico que não traga conseqüências: efeitos jurídicos. Tece-se, portanto, uma relação — jurídica em sentido lato por se passar dentro (bem como entre) de normas — uma relação de causalidade jurídica (o termo causalidade vem sempre com a carga semântica da conceptuação natural, das ciências empíricas não-sociais, que é preciso purificar). A causalidade jurídica entre o fato jurídico concreto e os seus efeitos conduz à relação jurídica. Não ocorre relação jurídica sem fato jurídico prévio. Sem fato, teríamos aquela relação ideal (de F. Cicala) entre norma e sujeito. A relação jurídica está, diz com acerto *Pontes de Miranda*, no plano dos efeitos".

E esclarece o Mestre:

"Descreve-se a relação jurídica indicando seus termos — os sujeitos-de-direito ativo e passivo — e o fator relacionante (relator 'ter a pretensão de' e o seu simétrico 'ter o dever de'). Demais, a relação jurídica contém um dado-de-fato, sobre o qual tem incidência norma de direito. E, ainda, aqueles relatores (termos com função de relacionar), reciprocamente simétricos, que correlatam condutas e fatos relevantes para a conduta: enchem-se de objeto. Seria restringir o conceito de relação jurídica só tomar as posições dos sujeitos-de-direito como titulares de direitos subjetivos e de deveres jurídicos. O que não falta numa relação jurídica em sentido amplo, ou em sentido estrito, é de um lado um portador de pretensão (substantiva-processual); no outro pólo da relação, o portador do dever de prestar. Pretensão e prestação, em sentido amplo, são termos correlatos (correlatos: em recíproca relação): faculdade de exigir, dever genérico ou específico de atender".

Em sua obra "Teoria da Norma Jurídica", *Norberto Bobbio*[2] coloca o tema "relação jurídica" nos seguintes termos:

---

(2) 1. ed. São Paulo: Edipro-Edições Profissionais Ltda., 1991. p. 42/44.

"A razão pela qual acreditamos que conceber o direito como relação intersubjetiva não elimina a consideração normativa, pode ser formulada do seguinte modo. Uma relação jurídica, como foi visto, é uma relação entre dois sujeitos, dentre os quais um deles, o sujeito ativo, é titular de um direito, o outro, o sujeito passivo, é titular de um dever e obrigação. A relação jurídica é, em outras palavras, uma relação direito-dever. Ora, o que significa ter um direito? Significa, como veremos melhor em seguida, ter o poder de realizar uma certa ação. Mas, de onde deriva esta poder? Não pode derivar senão de uma regra, a qual no mesmo momento em que me atribui este poder, atribui a um outro, a todos os outros, o dever de não impedir a minha ação. E o que significa ter um dever? Significa estar obrigado a comportar-se de um certo modo, quer esta conduta consista em um fazer, quer em um não fazer. Mas de onde deriva esta obrigação? Não pode derivar senão de uma regra, a qual ordena ou proíbe. Em essência, o direito não passa do reflexo subjetivo de uma norma permissiva, o dever não é senão o reflexo subjetivo de uma norma imperativa (positiva ou negativa). A relação jurídica, enquanto direito-dever, remete sempre a duas regras de conduta, dentre as quais a primeira atribui um poder, a outra atribui um dever. Que depois, de fato, destas duas normas seja suficiente que se enuncie uma só, que o momento em que se atribui um direito a um sujeito implica sempre a atribuição de um dever a outros sujeitos, e vice-versa, não altera em nada a questão substancial, isto é, que direito e dever são as figuras subjetivas nas quais se refletem a presença de uma regra, e portanto a relação jurídica é aquela que se distingue de todos os outros tipos de relação por ser regulada por uma norma jurídica.

A relação jurídica é caracterizada não pela matéria que constitui seu objeto, mas pelo modo com que os sujeitos se comportam um em face do outro. E se exprime também desta maneira: o que caracteriza a relação jurídica não é o *conteúdo*, mas a *forma*. E isto significa: não se pode determinar se uma relação é jurídica com base nos interesses em jogo; pode-se determiná-la apenas com base no fato de ser ou não regulada por uma norma jurídica. O problema da caracterização do direito não reside sobre o plano da relação; se encontra somente sobre o plano das normas que regulam a relação. Em outras palavras: dado um vínculo de interdependência entre relação jurídica e norma jurídica, nós não diríamos que uma norma é jurídica porque regula uma relação jurídica, mas sim que *uma relação é jurídica porque é regulada por uma norma jurídica*. Não existe, na natureza, ou melhor, no campo das relações humanas, uma relação que seja por si mesma, isto é, *ratione materiae,* jurídica: há relações econômicas, sociais, morais, culturais, religiosas, há relações de amizade, indiferença, inimizade, há relações de coordenação, de subordinação, de integração. Mas nenhuma dessas relações é *naturalmente* jurídica. *Relação jurídica é aquela que, qualquer que seja o seu conteúdo, é tomada em consideração por uma norma jurídica, é subsumida por um ordenamento jurídico, é qualificada por uma ou mais normas pertencentes a um ordenamento jurídico. Veremos melhor em seguida quais as conseqüências geradas por uma ação humana estar qualificada como jurídica. Até aqui, basta ter colocado em evidência que é a norma que qualifica a relação e a transforma em relação jurídica, e não vice-versa. Como conseqüência, se é verdade que nenhuma relação é naturalmente jurídica, é igualmente verdade que qualquer relação entre homens pode se tornar jurídica, desde que seja regulada por uma norma pertencente a um sistema jurídico. Diz-se entre os juristas que uma relação, enquanto não for regulada pelo direito, é uma relação de fato. A recepção por parte do ordenamento jurídico — recepção esta que vem a atribuir a um dos dois sujeitos uma obrigação e ao outro um dever — transforma a relação de fato em jurídica. A relação entre um vendedor e um comprador é de natureza econômica; o que a torna jurídica é o fato do ordenamento jurídico atribuir aos seus dois sujeitos direitos e deveres. A relação de fidelidade entre os cônjuges é antes de tudo de natureza ética; torna-se jurídica quando o ordenamento transforma esta relação moral em uma relação geradora de direitos e obrigações juridicamente relevantes.*

A conclusão que queremos tirar dessas considerações é que a teoria da instituição e a da relação não excluem, mas incluem a teoria normativa, o que equivale a dizer que a teoria normativa permanece válida não obstante a teoria da instituição e a da relação, — ou melhor, ela é o pressuposto de validade de ambas".

Ao estabelecer a íntima conexão entre relação jurídica, propriamente dita e o fato jurídico prévio, *Marcos Bernardes de Mello*[3] assim se expressa: " se considerarmos que o mundo do direito é integrado pelas relações jurídicas, direitos, deveres, pretensões, obrigações, ações, exceções e toda a gama de outras conseqüências jurídicas, como os poderes, ônus, atribuições e qualificações que envolvem o homem em suas relações intersubjetivas, isto é, o homem em confronto com outros homens; se considerarmos que as relações jurídicas e todas as demais categorias de eficácia jurídica somente podem existir se uma norma jurídica as atribui a uma certa situação de fato; teremos de concluir que o mundo jurídico constitui produto do fato jurídico, resultado da conjunção da norma jurídica com a situação de fato por ela prevista (=fato jurídico). A norma jurídica, na verdade, tem a função de definir o fato jurídico, atribuindo-lhe as conseqüências; enquanto esse fato não se materializar no mundo, a norma

---

(3) *Teoria do fato jurídico*. 2. ed. São Paulo: Saraiva, 1986. p. 13.

não passará de pura hipótese, abstração lógica. O fato social, por sua vez, serve de suporte, de objeto, à definição do fato jurídico pela norma, donde se poder dizer que, enquanto não houver norma que o regule, não se transformará em fato jurídico e não poderá produzir qualquer conseqüência jurídica, permanecendo fato social, apenas.De tudo isto resulta que o fato jurídico (=norma + fato) representa o elemento fundamental de toda a juridicidade, pois se constitui na fonte imediata do mundo jurídico, sendo a norma, e o fato, enquanto apenas fato, suas fontes mediatas."

Nesse contexto, assim nos expressamos em nosso "Relação Jurídica em Nível Lógico" (São Paulo: LTr, 1993, p. 44): "Partimos, pois, do princípio de que o termo lógico para o enlace entre o suposto e a conseqüência denomina-se "relação" e que a norma se expressa por um juízo que, na lição de *Fritz Schreier*, é uma relação entre sujeito e predicado. Assim, com base nos ensinamentos expostos, podemos, segundo o mesmo autor, especificar as seguintes características lógicas da relação jurídica: a) a relação jurídica é um conceito eminentemente formal, pertencendo, pois, ao campo da lógica. Portanto, o termo lógico que indica o nexo entre o suposto e a conseqüência é o de relação; b) sendo um vínculo de natureza lógica, a relação jurídica se submete à "Lei da Causalidade Jurídica", segundo a qual "não há conseqüência de direito sem suposto jurídico; c) finalmente que, da essência dessa relação recíproca depende a verdade de outro princípio: "toda transformação do suposto jurídico produz uma transformação na conseqüência de direito".

Por conseguinte, chegamos às seguintes conclusões após discorrer sobre a essência da norma jurídica que pertence à esfera ou plano do pensamento: o conceito de "relação" exprime o termo lógico para o enlace entre o suposto e a conseqüência contidos na estrutura da norma; que, na realização desse suposto jurídico, deve produzir-se a conseqüência de direito; que, por conseguinte, o nexo implicacional que liga o suposto à conseqüência ou tese está constituído por um "dever-ser"; que o "dever-ser" jurídico é um conceito eminentemente formal que não pode ser confundido com o nexo causal da natureza; que, por sua vez, a relação jurídica inexoravelmente instaurada por força da subsunção do conceito da norma ao conceito do fato, nada mais é do que o efeito jurídico que se traduz pela eficácia jurídica dessa mesma norma; que a relação jurídica tem como significação uma "atribuição" caracterizada pela referida eficácia que a norma imputa a essa mesma relação, constituindo-se, pois, no objeto do ato jurídico que é o instrumento de realização do direito; finalmente, que a dinâmica da relação jurídica está exposta seguindo-se o método fenomenológico que visa, fundamentalmente, a descrever o que se mostra à consciência, que, da mesma maneira dos atos jurídicos, é sempre intencional e dirigida a algum objeto; que, por via de conseqüência, o método fenomenológico supõe a expressão da significação essencial dos objetos para a consciência intencional.

III.1. RELAÇÃO JURÍDICA MATERIAL: FENOMENOLOGIA DA NORMA JURÍDICA

Referentemente à específica fenomenologia da norma jurídica, admitimos, preliminarmente, a sua estrutura dual. Partimos do princípio de que a mesma é composta de duas partes, denominadas norma primária e norma secundária e que, cada uma dessas partes, são constituídas por uma hipótese e uma conseqüência ou tese. Sabemos que a hipótese está interligada à conseqüência por um conectivo, o "dever-ser" com "função de vínculo" que servem de nexo às variáveis. Por conseguinte, legítima se nos afigura a seguinte formulação, que tem por finalidade científica visualizar o fenômeno normativo, tendo por base a dinâmica deôntica descrita por *Lourival Vila Nova*, bem como, o método fenomenológico de *Hursell* que reconhece como "fonte válida do conhecimento" a intuição intelectual: a) o vínculo contido na norma primária, interligando a hipótese à conseqüência é um "dever-ser" neutro, de caráter estritamente sintático que, por sua vez, instaura uma relação jurídica também neutra entre os sujeitos que compõem o critério pessoal da norma de incidência. Em outras palavras: ocorrendo a subsunção do conceito do fato ao conceito da norma, instaura-se a relação jurídica prevista no texto legal, que já faz parte do sistema a partir da sua sanção, eis que, sem norma válida o nexo não existe. Ora, essa relação jurídica à semelhança do "dever-ser neutro", também é neutra, porque se não houver necessidade de um dos sujeitos da relação recorrer ao mecanismo da norma secundária, a mesma nasce e se extingue sem que haja qualquer evolução na dinâmica que coloca em execução a eficácia produzida pela norma. Exemplo: se as partes contratantes assumem os ônus decorrentes do documento firmado até o cumprimento total do pactuado, a relação jurídica nasceu e se extinguiu dentro do campo das proposições normativas gerais, em que as situações de fato concretas se inseriram tão-somente nessas proposições, não se refletindo a sua eficácia no âmbito das proposições individuais.

De grande relevância, contudo, o fato de que, muito embora a eficácia esteja contida no mundo do "ser" e a norma no mundo do "dever-ser", fenomenologicamente, "apreendemos" a dinâmica da norma e, a seguir, constatamos os efeitos produzidos na ordem jurídica.

Aceitando-se esse raciocínio, teremos duas importantes conclusões: 1) A relação jurídica neutra deve ser entendida no seu sentido amplo, isto é, tendo por grau de eficácia a previsão contida na proposição geral quando observada; 2) por conseguinte, *depende de um ato de vontade* fazer valer a sua eficácia no caso de inadimplemento de um dos sujeitos da relação; 3) neste caso, repetimos, o caráter do operador relacional é meramente sintático.

Não ocorrida a observância espontânea do preceito contido na norma primária, um dos sujeitos da relação aciona o mecanismo normativo, colocando a dinâmica da norma secundária em evolução, pelo conectivo "dever-ser" modalizado (O, P, Ph) que interliga o conseqüente da endonorma à hipótese da perinorma, dando origem à relação jurídica modalizada e, portanto, facultando as seguintes conclusões: 1) Neste caso estamos nos referindo à relação jurídica em sentido estrito; 2) essa relação jurídica passou ao nível da eficaciedade, ativada pela vontade; 3) o caráter do operador relacional está no plano semântico, por se tratar de uma relação entre o sistema deôntico e a realidade.

Nesse contexto, se a norma é um objeto cultural, a sua dinâmica fenomenológica se desenvolve no campo da abstração, isto é, no mundo ideal e não real, ao contrário dos fenômenos de percepção física. Isto quer dizer que no Direito os efeitos produzidos pela norma são um produto da razão (raciocínio) e, portanto, das regras lógicas que entram na sua formulação.

Conseqüentemente, *a norma jurídica encontra-se no mundo dos objetos reais, mas a sua essência e o seu conceito são objetos ideais, que não se constata através dos sentidos, mas tão-somente pela intuição intelectual*[4].

Nesse mesmo contexto, leciona *Caio Mário da Silva Pereira*[5] que, como *facultas agendi*, o direito subjetivo é a expressão de uma vontade, traduz um poder de querer, objetivando a realização de um interesse. Nesse sentido, o direito subjetivo "é um poder da vontade, para a satisfação dos interesses humanos em conformidade com a norma jurídica".

E prossegue o Mestre por ensinar que o direito subjetivo representa "um poder no seu titular" e arremata: "Quem tem um poder de ação oponível a outrem, seja este determinado, como nos direitos reais, participa, obviamente de uma relação jurídica, que se constrói com um sentido de bilateralidade, suscetível de expressão na fórmula poder-dever, poder do titular do direito exigível de outrem; dever de alguém para com o titular do direito"[6].

A mesma lição está condensada nas palavras de *Lourival Vilanova*, ao afirmar que,

> "Em rigor, tanto se pode dizer que o direito é um reflexo do dever jurídico, quanto que o dever jurídico é um reflexo do direito subjetivo. Reflexo, aqui, exprime a correlatividade. Na estrutura relacional, ambos os termos se põem simultaneamente. A precedência ou a sucessividade genética de um termo ante o outro é problema extradogmático. Dogmático é que exista norma válida, com incidência no dado-de-fato, do qual provém a relação jurídica interpessoal. No plano da norma, antes de sua incidência, descabe falar de direitos e de deveres. Se dado-de-fato nenhum

---

(4) Ob. cit., p. 33.
(5) *Instituições*. 5. ed. 3ª Turma, Forense, v. 1, p. 43.
(6) Ob. cit., p. 43, v. I.

corresponde ao esquema de incidência(hipótese de incidência) da norma, 'efeitos' não houve, ou seja, titulares portadores de direitos e titulares portadores de deveres jurídicos ainda não surgiram"[7].

No tocante ao objeto, a relação jurídica sempre está direcionada para determinado bem, tendo em vista que, segundo ensinam *Cândido Dinamarco* e *Ada Pelegrini Grinover*, o bem que constitui o objeto das relações jurídicas substanciais é o "bem da vida" ou seja, o próprio objeto dos interesses em conflito.

Ao lecionar sobre o objeto no trato do direito, *Marcos B. Mello*[8], assim se expressa:

"É necessário estabelecer-se a distinção entre as diversas expressões em que se faz referência a objeto no trato do direito. Fala-se, por exemplo, em objeto de direito, objeto da relação jurídica, objeto da prestação, objeto do ato jurídico, objeto do Direito (Ciência do Direito). Cada uma dessas expressões tem um sentido próprio, embora sejam algumas vezes confundidas pela doutrina menos rigorosa. Sucintamente, procuraremos conceituá-las.

1. Objeto de direito. As normas jurídicas se dirigem aos homens, regulando-lhes interesses, em relação aos bens da vida que ela procura distribuir. Todo bem da vida que possa constituir elemento de suporte fáctico de norma jurídica, portanto que esteja regulado por uma norma jurídica, de algum modo, para atribuí-lo a alguém, é objeto de direito. Esse conceito dado em abstrato torna-se concreto no sentido de esfera jurídica, ou seja, quando define o conjunto de objetos de direito relacionados a alguém. Assim, constituem objeto de direito e, portanto, integram a esfera jurídica das pessoas: a) as coisas, representadas pelos bens materiais (ex.: bens móveis e imóveis); b) os bens imateriais que consistem na chamada propriedade intelectual, artística, literária, industrial e comercial (ex.: direitos do autor, direito de invenção; c) créditos, no sentido de direitos economicamente mensuráveis (ex.: direito à remuneração por serviço prestado, direito a receber quantia dada por empréstimo; d) interesses juridicamente protegidos sem valor econômico, pelo menos imediato (ex.: direito à vida, à liberdade).

2. Objeto da relação jurídica.O objeto de direito que constitui matéria de relação jurídica, isto é, sobre o qual recaem os direitos que formam o conteúdo de relação jurídica, denomina-se objeto da relação jurídica. Na relação jurídica real de propriedade, os seus direitos recaem sobre a

---

(7) Ob. cit., p. 149.
(8) Ob. cit., p. 152.

coisa que é o seu objeto. Na relação jurídica pessoal, o objeto é a promessa de ato humano (ex.: no mútuo a promessa de pagar no dia aprazado), não o ato em si, porque este o é.

3. Objeto da prestação. O objeto da prestação se constitui sempre em um ato humano (ação ou omissão) devido em decorrência de uma relação jurídica: o fazer e o não fazer. Na relação de propriedade as pessoas cumprem a sua obrigação abstendo-se de violar os direitos do proprietário (não fazer). Na relação jurídica de mútuo o devedor cumpre a sua obrigação pagando a dívida (fazer).

4. Objeto do ato jurídico consiste na atribuição que a ele as normas jurídicas imputam, ou seja, a criação de uma relação jurídica que, de algum modo, altera o conteúdo da esfera jurídica dos figurantes. Sempre que se pratica um ato jurídico criam-se direitos e obrigações os quais, evidentemente, constituem modificação naquilo que integra a esfera jurídica dos interessados. Como se vê, o conceito de objeto de direito é fundamental e dele decorrem todos os outros. Porque para ser objeto de ato jurídico, de prestação ou de relação jurídica é necessário que seja, antes, objeto de direito.

5. Finalmente, objeto do direito é a matéria de que cuida a Ciência do Direito: — são as normas jurídicas.

O Método Fenomenológico de Husserl e sua Aplicação no Campo do Direito

Régis Jolivet[9] define a fenomenologia como: "método de filosofia, preconizado por E. *Husserl*, e caracterizado, de uma parte, pela "êpoché", que consiste em não reter senão unicamente o dado constituído pelos fenômenos (excluindo a existência) e, de outra parte, pela redução eidética que consiste em reduzir às suas essências objetivas os fenômenos dados à consciência". Para melhor entendimento da definição, remete o leitor aos vocábulos "êpoché" (na fenomenologia, ato de eliminar radicalmente todo prejuízo e toda teoria preconcebida, para não conservar senão o que é apoditicamente certo. Por conseqüência, ato de pôr entre parênteses toda afirmação de objeto e, em geral, toda posição de mundo como exterior à consciência; e eidético (na fenomenologia, ato de reduzir às suas puras essências objetivas os fenômenos presentes à consciência).

Com esta primeira noção de um método que veio se contrapor à filosofia Kantiana no plano do conhecimento teórico e segundo a qual somente é possível, "a captação do fenômeno através das formas subjetivas da intuição e do pensamento, ficando a função da razão limitada a unificar e ordenar a matéria

---

(9) *Vocabulário de filosofia*. Rio de Janeiro: Agir Ed., 1975.

proporcionada pelos sentidos" procuraremos demonstrar em que consiste a fenomenologia e a sua aplicação ao campo do Direito, a fim de que possamos explicar, posteriormente, a própria fenomenologia da norma jurídica.

O desenvolvimento preliminar do pensamento de *Husserl* terá como ordenamento o trabalho de *Esther Aguinsky de Iribarne*[10] que, em admirável síntese, nos tornou possível uma explanação preliminar do referido método, com a clareza necessária para um bom entendimento da matéria.

Edmundo Husserl (1859-1937), que iniciou o movimento, diz que "não é possível negar a realidade natural como algo que "está aí", e ao que se referem todas as ciências, porém é possível se perguntar pelo caráter apodítico dessa evidência pela qual não se poderá tomá-la como ponto de partida fundamental nas investigações fenomenológicas".

Trata-se, pois, prossegue *Aguinsky de Iribarne*, citando *Husserl*, "de considerar a realidade simplesmente como um fenômeno experimentado por mim, sem pronunciar-me a respeito da sua natureza: "Todo o pertencente ao mundo, toda realidade espaço-temoral existe para mim, quer dizer, vale para mim e vale porque a experimento, a percebo, penso de alguma maneira nela". Quer dizer, que a realidade do mundo e seu valor se referem a tais vivências e pressupõem a existência do transcendental. Isso é o que se denomina "redução transcendental" ou "redução fenomenológico-transcendental".

Ampliou assim, *Husserl*, o conceito de experiência que não se limita à experiência sensível, já que "em todas as formas de intuição" há uma fonte válida de conhecimento.

Destaca, ainda, a notável expositora, o caráter eminentemente descritivo da fenomenologia, tanto que *Husserl* dizia tratar de uma "ciência descritiva das essências das vivências". Não obstante, prossegue, na expressão "descritiva das essências" se superou a noção positiva da experiência sensorial, eis que "toda intuição em que se dá algo originariamente é um fundamento de direito do conhecimento", que *Husserl* denomina como o "princípio de todos os princípios".

Contudo, continua *Aguinsky de Iribarne*, o caráter intuitivo do procedimento fenomenológico — como visão imediata das essências (*Wesenschau*) — não é incompatível como o seu proceder reflexivo, já que a inteligência se apresenta como uma forma de intuição. São aliadas no método das noções de experiência e reflexão intuitiva. Tendo se realizado o processo de redução, com a "êpoché" o posto entre parênteses — que não se eliminou mas apenas se colocou em suspenso — é objeto de análise fenomenológica por via da intuição que, por sua vez, colocará o sujeito em relação com o eu puro, resultante das reduções fenomenológicas.

---

(10) *Fenomenologia y ontologia jurídica*. Buenos Aires: Ed. Pannedile, 1971. p. 21.

Por isso, o alcance das mencionadas reduções, longe de significar um empobrecimento, permitirá captar as coisas em sua originalidade fenomênica, realçando o fato de que o método fenomenológico é um método de experiência.

Trata-se, finaliza, de descrever o que se mostra à consciência, que é sempre intencional, dirigida a algum objeto e livre de toda idéia preconcebida. Não se trata, portanto, de uma busca metafísica de essências, mas fundamentalmente, de captar a significação essencial dos objetos para a consciência intencional.

A aplicação do método fenomenológico no campo do Direito se nos afigura, pois, de grande importância científica para a demonstração da dinâmica e, por conseguinte, da explicação dos efeitos produzidos em função da vontade do legislador.

Admitindo-se, portanto, como já afirmamos, que a norma jurídica se coloca no mundo dos objetos reais, mas que a sua essência e o seu conceito são objetos ideais captados pela intuição intelectual e que o fenômeno não é tãosomente o que se conhece pela experiência sensorial, mas, também, "todas as formas de intuição que são admitidas como fontes válidas de conhecimento", achamos possível formular uma teoria com base no método fenomenológico, a fim de comprovar o que nos propomos a demonstrar.

Pelo exposto, devemos assinalar, com base nas respeitáveis opiniões de F. *Schreier* e de *Aguinsky de Iribarne* que "não obstante o caráter neokantiano do pensamento de *Kelsen* — para quem "o método é criador do objeto", não torna contraditória a sua ligação com a fenomenologia, se se levar em conta a aspiração de pureza metódica encontrada na obra de *Kelsen*. Na medida em que este se propõe captar o direito em sua pureza normativa (desligando-se de toda mistura com objetos da natureza extrajurídica, sejam éticos, políticos ou sociológicos), procede de forma semelhante a fenomenologia, cujo método das reduções consiste em purificações sucessivas que permitem captar o fenômeno originalmente, tal como se mostra, livre de todas as impurezas que o ocultam"[11].

Prossegue *Aguinsky de Iribarne* por defender a possibilidade de se unir os métodos preconizados na lógica jurídica de *Kelsen* e a fenomenologia de E. *Husserl*, com base, inclusive, no entendimento de *Paul Amselek* que considera *Kelsen* como precursor da fenomenologia do direito, vendo na "teoria pura" uma ciência fundada sobre uma teoria eidética do direito: "A teoria pura está profundamente ligada coma inspiração fenomenológica pelo fim e pelo método que ela adota". Claro que essa vinculação, finaliza, deve limitar-se ao método e não ao sistema kelseniano, que mostra uma exclusiva inspiração lógica.

---

(11) Ob. cit., p. 57.

Fenomenologia e Lógica

Uma das maiores contribuições ao estudo do Direito, nos foi oferecida por *Fritz Schereier*[12] em seu livro "Conceitos e Formas Fundamentais do Direito", que se apresenta sob a forma de um "Esboço de uma Teoria Formal do Direito e do Estado sobre uma Base Fenomenológica", conforme salienta o próprio Autor.

O livro, que é uma tradução de *Eduardo Garcia Maynez*, foi impresso e publicado pela Editora Losada, Buenos Aires em 1942, não tendo, contudo, tido a necessária repercussão que se poderia perfeitamente esperar de um trabalho de tal magnitude.

Conforme lembra *Luis Recasens Siches*, introduzindo o tema à p. 7 do mencionado livro, para se ter uma idéia precisa da significação da obra de *Fritz Schreier*, professor da Universidade de Viena, necessário se torna saber que aquele grande jusfilósofo era discípulo de *Hans Kelsen*, o construtor da "Teoria Pura do Direito" e de *Edmund Husserl*, o genial descobridor da "Fenomenologia".

Assim, prossegue o Mestre mexicano, "Muito se tem atacado a *Schreier* por sua intenção de unir a 'Teoria Pura do Direito' de *Kelsen* e a 'Fenomenologia' de *Husserl*, já que segundo alguns autores a união entre essas duas obras é algo monstruoso e contraditório". E esta crítica tem se baseado na consideração de que a "Fenomenologia é incompatível com a filosofia neokantiana; precisamente, porque a fenomenologia apresenta em muitas de suas partes uma crítica e uma essencial retificação frente ao neokantismo".

Justifica, ainda, a metodologia adotada pelo Mestre austríaco, esclarecendo que *Schreier* fundamenta a "Teoria Pura do Direito" sobre a Fenomenologia de *Husserl*, não tendo em vista um desenvolvimento integral da Fenomenologia jurídica, mas tão-somente acrescentar uma contribuição de caráter reconstrutivo, mediante a descoberta de alguns resultados que tenham uma importância decisiva para o jurista.

Prossegue *R. Siches* por chamar a atenção do leitor para o fato de que *Schreier* parte da determinação fenomenológica do "*a priori* formal do Direito", isto é, não somente propõe sua redução eidética, quer dizer, a obtenção da sua essência como objeto ideal, mas também admitindo o que *Husserl* denomina de "redução fenomenológica em sentido estrito sobre o ato jurídico". Quer dizer, analisa fenomenologicamente o "ato puro" no qual o Direito se constitui, pois, segundo *Husserl* a consciência de um objeto se denomina "ato", sendo que, o ato não é algo próprio em si relativamente à consciência, mas que se refere intimamente ao seu objeto no qual consiste exatamente a sua intencionalidade. Assim, *Schreier* se propõe a "analisar o ato puro no qual o Direito se

---

(12) *Conceitos e formas fundamentais do direito*. Ed. Losada, B. Aires, 1942.

constitui essencialmente", desenvolvendo o estudo do fato jurídico e da relação jurídica, além de estabelecer uma doutrina sobre a relação entre o Direito possível e o Direito real ou efetivo.

Partindo, por conseguinte, do conceito da norma jurídica como um objeto ideal, ensina *Schreier*[13] que as normas jurídicas existem, mas a sua essência não é semelhante à dos objetos naturais, que são reais. Para o autor, a relação jurídica tem um caráter meramente formal, que coloca o direito no campo da lógica.

Valendo-se do método fenomenológico de *Husserl*, posiciona a sua investigação sob o ponto de vista da "essência" do jurídico, tomando como ponto de partida, como já se frisou, o "ato jurídico", isto é, o ato "em que o direito se constitui", ou o que é o mesmo, na terminologia husserliana "um ato referido intencionalmente para o direito".

Antes, contudo, de passar a um estudo específico do ato jurídico, *F. Schreier* se propõe a expor o método fenomenológico, a fim de fundamentar a sua exposição principiando pela análise fenomenológica, razão pela qual procuraremos exprimir a idéia do autor de maneira mais aproximada possível, tendo em vista que as lições ali ministradas sedimentaram o nosso raciocínio na exposição da matéria quanto à real significação do fenômeno normativo.

Conforme revela em seus livros, o Mestre vienense aceita como axioma a afirmação de que o mundo só nos é dado na consciência, quer dizer, a consciência e o mundo dizem respeito um ao outro e não podem ser separados.

Assim, prossegue, como os objetos do mundo se encontram na consciência, esta é sempre consciência de objetos. O ato particular de consciência, a consciência de um determinado objeto especial (vivência), recebe o nome de ato. Cada vivência, cada ato, tem seu objeto. Este, por sua vez, não se encontra compreendido na consciência, visto que o ato diz respeito a seu objeto de maneira *sui generis*, não susceptível de ulterior descrição. Assinala, então, que a nota característica dos atos e, por conseguinte, da consciência como tal, é a sua "intencionalidade", que aparece de maneira inconfundível em qualquer exemplo: na percepção, algo se percebe; na representação simbólica, algo é representado simbolicamente; na afirmação, algo é afirmado; no amor, algo é amado; no desejo, algo é desejado.

Portanto, cada objeto ou cada grupo de objetos, meta-intencional do ato, tem o seu modo especial de ser; objeto e ato encontram-se em correspondência um com o outro: por ela, à peculiaridade do objeto corresponde a do ato, sendo que as formas em que os objetos se apresentam não são susceptíveis de qualquer modificação.

---

(13) *Conceptos y formas fundamentales del derecho*. Buenos Aires: Ed. Losada, 1942. p. 59.

A esta forma especial em que o objeto se apresenta, *Scheier* dá o nome de "constituição do objeto". Nesse ponto, prossegue, encontramos determinadas leis que se baseiam na essência do objeto individual e têm caráter apodítico (leis essenciais), sendo que, na atitude comum dentro da qual geralmente nos movemos, os objetos dos atos que realizamos são objetos do mundo que nos circunda.

Intencionalmente, contudo, só nos referimos a eles, permanecendo em tal atitude, quando formulamos juízos científicos. Esta situação, porém, se modifica, imediatamente, se em vez da atitude natural adotamos a postura fenomenológica, pois, quando nos encontramos colocados no campo da fenomenologia, não nos referimos aos objetos do nosso mundo circundante, que perdem todo interesse para nós, eis que, nos voltamos para os atos em que aqueles se encontram significados. Os atos se transformam, deste modo em objetos.

Referindo-se, então, ao "ato jurídico", no sentido do conceito proposto por *Husserl* de que "a consciência de um objeto se denomina ato", *Schreier* passa a descrevê-lo, a fim de fundamentar a sua tese em construção, dizendo que, ao se pretender descobrir os princípios básicos que dão origem ao Direito, valendo-nos da análise fenomenológica, teremos, preliminarmente, de perguntar o que encontramos no ato jurídico, isto é, no ato em que o Direito se constitui.

Não obstante, adverte, necessário se torna entender o que vem a ser "ato jurídico". E ensina que "ato jurídico é aquele em que o Direito se constitui, ou seja, um ato referido intencionalmente a este"[14]. Por atos jurídicos, explica, "se entendem freqüentemente os constitutivos do direito, quer dizer, atos do legislador e, eventualmente, do Juiz, mediante os quais o direito é "criado". Porém, estes não são atos jurídicos, no sentido outorgado por nós ao termo. No ato jurídico concebemos o direito: o direito nos é dado; nos dirigimos até ele intencionalmente. Assim, o direito não é concebido somente pelo legislador e o Juiz, mas por qualquer sujeito que endereçar o seu olhar para ele. É claro que no ato criador de direito se encontra contido sempre um ato de conhecimento. Pois a criação de direito não é criação originária, mas que, se encontra, em certo sentido, determinada por lineamentos prefixados. Esses derivam da essência do ato que serve de base à criação jurídica e pela qual concebemos o direito".

Depois de discorrer no sentido de examinar as análises incorretas do ato jurídico, especialmente no que diz respeito à atitude empirista, que confunde o objeto e a intuição, e à opinião de outros que sustentam que os atos jurídicos, pertencem à esfera dos sentimentos, *Schreier* sustenta a tese de que o ato jurídico, é um juízo, e, pois, "um ato que expressa uma apreensão e a proposição jurídica é, em duplo sentido, um juízo: como enunciado e como apreensão expressada".

---

(14) Ob. cit., p. 34/39.

Ao chamar a atenção para o fato de que "o objeto de um ato é algo diverso da significação", *Schreier* nos oferece a sua visão referentemente ao ato jurídico, ao prelecionar que o Direito se compõe de proposições jurídicas e que, "uma proposição jurídica é, pois, uma expressão independente e plena de uma norma de direito", que, "expressa a norma jurídica, com tudo o que corresponde à sua essência".

Em suma, ensina o Mestre, "as normas do direito são os objetos do ato jurídico e as proposições jurídicas as significações em que aquelas são apreendidas". Nesse sentido, finaliza, "a distinção radical entre 'proposição jurídica' e 'norma de direito' caso especial da oposição entre significação e objeto, nos permite estabelecer com nitidez em que consiste a verdade da proposição jurídica. Está, precisamente, na coincidência desta com aquela norma que expressa"[15].

Por conseguinte, *Schreier* conclui que os atos jurídicos são atos de juízo e que, os objetos jurídicos são irreais, não pertencendo, pois, ao reino da natureza. E adverte: "não devemos temer a reprovação de que não nos ocupamos com a realidade", já que, "em várias ocasiões, se tem feito referência à natureza irreal do direito". E menciona o fato de que *Kelsen* foi o mais obstinado opositor do empirismo, ao fundamentar a sua teoria na distinção entre "ser" e "dever ser", sendo que, "ao falar do ser, se refere sempre ao ser real, ao ser da natureza".

Schreier, então, chama a atenção para a circunstância de que os juristas que aceitam o empirismo não conseguem explicar como o Direito pode se constituir em fato real, sem ser, ao mesmo tempo, realidade. É indesmentível, afirma, que uma tese, buscando a fusão de elementos inconciliáveis, não poderia conduzir a lugar algum. Por esta razão aqueles juristas se viram obrigados a manter a separação de tais elementos.

Neste sentido, prossegue, aplicaram-se à ciência jurídica os conceitos de "concreto" e "abstrato". A oposição que se queria expressar é a de "objeto" e "intuição", "fato" e "conceito" (essência, segundo *Husserl*), sendo que os fatos e conceitos não são independentes entre si, e sua existência tem igual valor, pois, "ao sentido de todo o real é inerente uma essência, cuja legalidade segue". "O fato é, então, a materialização do conceito na temporalidade (realidade)".

Tratando-se do Direito, diz *Schreier*: certos fatos são jurídicos, têm, em si, uma essência jurídica, são materializações de conceitos jurídicos. As leis que valem para os mesmos, são, pois, leis próprias do Direito, não de outras regiões e, portanto, não se tratam de leis naturais. Fixa, por conseguinte, de maneira bem nítida a distinção entre o concreto e o abstrato, bem como, a subsunção do direito no campo da abstração.

Contudo, ao examinar a norma jurídica do ponto de vista gramatical, *Schreier* ensina que a mesma é um juízo hipotético e pode ser formulada da

---

(15) Ob. cit., p. 79.

seguinte maneira: S . então ... No entanto, aduz, necessário se torna, quanto à sua significação, analisar o que se oculta lógica e conceitualmente sob a sua formulação gramatical, já que o termo lógico para o enlace entre o suposto e a conseqüência é o de relação. Após assinalar que os conceitos relativos são susceptíveis de enlace pela "relação", que, "uma relação só pode existir entre conceitos não entre fatos" já que "a relação não existe na intuição', o Mestre austríaco assinala que os conceitos relativos se fundamentam na necessidade de complementação e que essa necessidade não diz respeito a significações que necessitam ser complementadas, eis que os conceitos relativos não são significações dependentes. Por isso, afirma, se diz que a necessidade de complementação existe, porém, na esfera dos conceitos, na esfera dos objetos, se colocamos de um lado a outra significação da palavra conceito.

Assim, para *Schreier*, o conceito relativo não pode ser pensado sem a "noção relativa complementar" ou relação, já que nunca se poderá obter essa relação partindo-se dos fatos. Para aquele notável jusfilósofo, a norma também se constitui em uma relação, ao lecionar que: "Por meio da relação jurídica são postulados (colocados), como conceitos relativos, o imposto jurídico, primeiro juízo hipotético; e a conseqüência de direito, segundo juízo hipotético".

Neste contexto, *Schreier* passa, então, a demonstrar o critério que permite, segundo a sua visão, distinguir a relação especial contida na norma jurídica e que possibilita diferenciá-la dos demais conceitos de relação. Para o Mestre, seguindo, aliás, os ensinamentos anteriores de *Kelsen*, "ao realizar-se o suposto jurídico, tem de produzir-se ou, melhor dito, deve produzir-se a conseqüência. O nexo entre suposto e conseqüência está constituído por um dever-ser", que é um conceito eminentemente formal. E expõe o seu raciocínio, reproduzindo, textualmente, as palavras do autor da Teoria Pura do Direito: "Para evitar múltiplos equívocos que a concepção "normativa" do direito, defendida por mim, provocou especificamente, insisto que o "dever-ser" (ou obrigação), forma de expressão de todas as proposições jurídicas, não contém nenhum sentido psicológico.... O "dever-ser" é para mim a expressão da relação funcional dos elementos no sistema do direito, e esta relação difere do nexo causal da natureza. O dever-ser, em oposição ao ser, é somente a expressão da disparidade existente entre os sistema do direito e o natural... . Por último, quero sublinhar que o conceito do dever-ser... não tem significação material alguma... . Trata-se de um conceito puramente formal... . Quem pretender captar o sentido específico do direito em relação à realidade social, não poderá desconhecer a peculiar oposição em que o ordenamento jurídico pode encontrar-se (ainda que não se encontre necessariamente) frente à realidade natural da vida coletiva. O direito diz: Se A é, dever ser B; a realidade social diz: A é, e não obstante, B não é".

A fim de evitar confusão, prossegue, agora, *Schreier*, podemos empregar, por conseguinte, o termo de coordenação utilizado na matemática. Do ponto de vista jurídico, se A é, deve-ser B... significa que B (a conseqüência de direito) é coordenada a A (suposto jurídico), sendo esse conceito de relação, pois coordenar é relacionar.

A mesma coisa vale para o conceito de obrigação, acrescenta o Autor, que se pode colocar no lugar da noção de dever. Como o dever-ser jurídico, a obrigação jurídica deve ser considerada de um modo puramente formal, vale dizer, a relação jurídica, sendo eminentemente formal, pertence, inquestionavelmente, ao campo da lógica.

Fenomenologia da Norma Jurídica

Alfredo Augusto Becker[16], ao fazer a síntese da estrutura lógica e atuação dinâmica da regra jurídica preleciona que a ciência jurídica, ao descrever a estrutura lógica da regra jurídica, estabeleceu o modo de funcionamento e a sua atuação dinâmica, analisando as conseqüências dos efeitos jurídicos produzidos.

Portanto, prossegue, as regras jurídicas somente incidem depois de realizada a sua hipótese de incidência, porque foram criadas de acordo com a estrutura do pensamento humano já que "o jurídico é uma realidade espiritual" e toda fenomenologia jurídica se desenvolve no campo da abstração.

Partiremos, contudo, das palavras de *Fritz Schreier* para explicar em que consiste a análise fenomenológica, que usaremos para expor a fenomenologia da norma jurídica, razão pela qual tentaremos detalhar, com absoluta fidelidade, o pensamento do autor.

Para o grande Mestre, a afirmação de que o mundo só nos é dado na consciência, quer significar que a consciência e o mundo estão intimamente relacionados, vale dizer, não podem ser separados. Portanto, levando-se em consideração que os objetos do mundo se encontram na consciência, esta será sempre consciência de objetos.

O ato particular de consciência, a consciência de um determinado objeto especial (vivência) recebe o nome de ato. Por conseguinte, cada vivência, cada ato, tem o seu objeto, que, por sua vez, não se encontra na consciência, já que o ato diz respeito ao seu objeto.

A nota característica dos atos e, portanto, da consciência como tal, está, por conseguinte, na sua "intencionalidade", que aparece de maneira inconfundível em qualquer exemplo: (na percepção, algo se percebe; na idéia algo idealizável). Objeto e ato encontram-se, pois, em correspondência um com o outro: por ela, a peculiaridade do objeto corresponde à do ato.

Nesse sentido, é ainda *Aguinsky de Iribarne*[17] que, seguindo os ensinamentos de *Kelsen*, se propõe a determinar a essência do ato jurídico em sua

---

(16) *Teoria geral do direito tributário.* São Paulo: Saraiva, 1972.
(17) *Fenomenologia y ontologia jurídica.* Buenos Aires: Ed. Pannedille, 1971. p. 60.

pureza absoluta, advertindo que não é possível a sua apreensão por procedimentos empíricos, já que os psicologistas e empiristas supõem que o direito e os objetos jurídicos, como manifestações psíquicas, pertencem ao mundo real. Ao contrário, *Schreier* leciona que as normas jurídicas existem, porém, sua essência não é semelhante à dos objetos que são reais, vale dizer, "a essência da norma jurídica é igual à dos conceitos — objetos ideais — que são, independentemente do sujeito que emite o juízo; a essência significa pensabilidade ou possibilidade".

Por conseguinte, os objetos do mundo circundante, prossegue A. de Iribarne, perdem interesse para o fenomenológico, já que "enquanto na atitude natural nos encontramos frente aos objetos, na atitude fenomenológica nos voltamos para os atos que se transformam em objetos do pensamento".

Assim, *Schreier* afasta a possibilidade de se reconhecer a norma como um ato de vontade (um imperativo), já que os objetos do ato jurídico (as normas) são objetos irreais. Para o Mestre vienense, então, a norma é concebida com "uma relação puramente conceitual, que não se pode obter a partir dos fatos, pertencendo, ao contrário, à esfera do pensamento. Assim entendida, são postulados na norma, com caráter de conceitos relativos — isto é, que se implicam reciprocamente, diferentemente dos conceitos absolutos —, dois juízos hipotéticos: o primeiro, representado pelo suposto jurídico e, o segundo, pela conseqüência, que possuem a mesma composição lógica".

Não se trata, prossegue em sua análise A. de Iribarne, na relação jurídica criada pela norma, de norma ou vínculo entre fatos, e sim de conceitos que não são extraídos da realidade. O enlace entre ambos juízos hipotéticos não pertence ao mundo do ser, mas ao mundo do dever-ser: ao realizar-se o suposto jurídico, deve produzir-se a conseqüência de direito.

Colocada a questão nos termos acima expostos, ou seja, em nível de análise fenomenológica para a exposição da fenomenologia da norma jurídica, consistente na dinâmica da relação jurídica, desde o seu nascimento, passando pelo seu desenvolvimento e conseqüente efeito, estamos aptos para dar seguimento ao trabalho proposto.

Preliminarmente, deixamos consignado que, conforme já exaustivamente acentuado, o conceito de "relação" exprime o termo lógico para o enlace entre o suposto e a conseqüência contidos na estrutura da norma; que, na realização desse suposto jurídico, deve produzir-se a conseqüência de direito; que, por conseguinte, o nexo implicacional que liga o suposto à conseqüência ou tese está constituído por um "dever-ser"; que o "dever-ser" jurídico é um conceito eminentemente formal que não pode ser confundido com o nexo causal da natureza; que, por sua vez, a relação jurídica inexoravelmente instaurada por força da subsunção do conceito da norma ao conceito do fato, nada mais é do que o efeito jurídico que se traduz pela eficácia jurídica dessa mesma norma; que a relação jurídica tem como significação uma "atribuição" caracterizada pela referida eficácia que a norma imputa a essa mesma relação, constituindo-se, pois, no objeto do ato jurídico que é o instrumento de realização do direito; finalmente, que a dinâmica da relação jurídica está exposta seguindo-se o método fenomenológico que visa, fundamentalmente, a descrever o que se mostra à consciência, que, da mesma maneira dos atos jurídicos, é sempre intencional e dirigida a algum objeto; que, por via de conseqüência, o método fenomenológico supõe a expressão da significação essencial dos objetos para a consciência intencional.

Isto posto, voltamos ao âmago da questão relativa à última fase da dinâmica jurídica, ou seja, os efeitos jurídicos produzidos por força da relação jurídica instaurada.

Já dissemos, mas agora necessário se torna repetir, que para a aplicação do método fenomenológico, que visa à descrição do mecanismo da norma, também partiremos, nos moldes propostos por *Schreier*, da significação do ato jurídico, eis que, o mesmo tem por objeto a instauração da relação jurídica.

Levando-se, pois, em consideração que essa relação jurídica é o objeto do ato jurídico, que, por sua vez, "como instrumento de realização do direito, tem uma atribuição específica, de cunho prático que a ordem jurídica encampa e protege (ex.: no casamento visa-se à constituição da família, com todas as implicações físicas, econômicas e morais)", poderemos afirmar, com *Marcos B. Mello*[18] que essa atribuição (predicado) constitui o objeto do ato jurídico e se caracteriza pela eficácia que as normas jurídicas lhe imputam.

Daí o cabimento de se estabelecer a eficácia jurídica como a fase final do mecanismo da norma jurídica, já que conforme preleciona o mesmo *Marcos B. Mello*, "não se pode considerar ato jurídico aquele ato do qual não decorre, ou ao menos possa decorrer, uma atribuição jurídica caracterizada pela modificação no conteúdo da esfera jurídica dos figurantes do ato jurídico; quer dizer, o ato jurídico deve visar uma alteração na situação jurídica dos interessados, por força dos efeitos que produz". E acrescenta: "o ato jurídico, no entanto, não é necessariamente eficaz, mas há de ter, ao menos, a possibilidade de sê-lo".

Contudo, sabendo-se que as significações dos atos jurídicos se constituem nas proposições jurídicas em virtude das quais aqueles são apreendidos pelo intelecto, necessário também se nos afigura lembrar que os conceitos significação e objeto não são coincidentes, porque como adverte *Schreier*[19], "a concepção do direito como conjunto de proposições só deixa de ser correta quando a afirmação, válida para a esfera das significações, é transferida para a dos objetos, ou seja, quando aquelas proposições são consideradas como obje-

---

(18) Ob. cit., p. 152/153.
(19) Ob. cit., p. 77.

tos dos atos jurídicos. Desse modo, o direito passa a ocupar um lugar peculiaríssimo entre os objetos, porque as proposições são convertidas em objetos, o que origina um grande número de problemas lógicos".

Vamos, ainda, repisar que, levando-se em consideração o campo semântico e o modo-de-referência da proposição com relação aos objetos, se aplicado o método fenomenológico, podemos afirmar que essa proposição descreve como é o objeto. E estamos falando do objeto do ato jurídico, consistente na "atribuição" que a ele as normas jurídicas imputam, vale dizer, a criação de uma relação jurídica, destinada a modificar o conteúdo da esfera jurídica dos sujeitos que compõem o vínculo estabelecido.

Assim, chega-se à análise e estudo da eficácia jurídica que, segundo *José Souto Maior Borges*[20] estão situados em "sede apropriada" que é "o ser da conduta regulado pela norma". Nesse sentido os ensinamentos de *Marcos B. Mello*[21]: "no estudo da eficácia jurídica uma das conclusões fundamentais a que se chega é a de que efeito jurídico constitui atribuição que as normas jurídicas fazem a fatos da vida, sejam eventos, sejam atos (conduta)". Por conseguinte, prossegue, "todo o efeito jurídico resulta de imputação (atribuição) da lei aos fatos. Essa decorrência não se pode dizer, no entanto, que seja direta da lei, porque precisa, para produzir-se, de que o fato a que a ela é atribuído se realize".

Conseqüentemente, a eficácia sendo um atributo da norma, diretamente relacionado com o comportamento, não pode ser admitido como um conceito de relação entre normas, vale dizer, a sua relação de conformidade deve ser aferida levando-se em consideração o comportamento e a norma, conforme muito bem lembra *Souto Maior Borges*.

No mesmo sentido, notável, é a definição proposta por *José Afonso da Silva*[22] que sintetiza, em poucas palavras, a significação do que denominamos acima de "fase final do mecanismo da norma jurídica": "A eficácia é o elemento que vincula o preceito lógico escrito, à realidade subjacente". Ou ainda, nas palavras de *Miguel Reale*[23], ao assinalar o fato de que na segunda fase do pensamento de *Kelsen*[24], "o dever-ser como que perde seu caráter de estrutura lógica pura, para adquirir certo sentido dinâmico de cunho metodológico funcional. Aquilo que deve-ser não paira no plano puramente lógico, mas tende a converter-se em realidade", e assinala que, desde 1934, mostrou a "impossibilidade de uma separação rígida entre o mundo do ser e do dever-ser, concebidos como categorias ontológicas".

---

(20) *Lei complementar tributária*. São Paulo: Educ., 1975. p. 51.
(21) Ob. cit., p. 156.
(22) *Aplicabilidade das normas constitucionais*. 2. ed. Rev. Trib., 1982. p. 54.
(23) *Filosofia do direito*. V. II. São Paulo: Saraiva, 1962. p. 409.
(24) *Teoria pura do direito*. 4. ed. 1976. p. 292 e segs. Armênio Amado — Editor — Coimbra.

E prossegue o eminente Autor:

"À margem desta questão, não é demais repetir duas observações fundamentais que se completam: — é verdade que do mundo do ser não se pode passar para o dever-ser, porque aquilo que é não se transforma naquilo que deve-ser; a recíproca, porém, não é verdadeira, porque o dever-ser, que jamais possa ou venha a ser, é sonho, é ilusão, é quimera, não é dever-ser propriamente dito. Quando reconhecemos que algo dever-ser, não é admissível que jamais venha a ser de algum modo. Um dever-ser que nunca se realiza parcialmente é uma abstração sem sentido. O que acontece, porém, é que, por outro lado, jamais o dever-ser poderá converter-se totalmente em ser. Para que haja dever-ser, é necessário que o ser se esgote totalmente. O dever-ser está, pois, em correlação com o ser, no sentido de atualizar-se, o que, no domínio jurídico, só pode ocorrer pela interferência de um ato de vontade".

A exposição até aqui empreendida pode ser também sintetizada nos imprescindíveis ensinamentos de *Lourival Vilanova*[25]:

"O ser e o dever-ser são logicamente separáveis, porque irredutíveis. Efetividade e validade (validade formal e validade jurídica) estão colocadas em dois planos. Mas o ponto de encontro é o homem mesmo e sua projeção comunitária, a sua existência como intersubjetividade. Levanta-se o problema de como ser e dever-ser, efetividade (eficácia) e validade, fato e normas, idealidade e realidade, sendo diferentes, relacionam-se. *Kelsen* manteve-se estaticamente na dualidade lógica ou categorial: a natureza ordenada causalmente e a sociedade ordenada normativamente. E disse que, os fenômenos causalmente relacionados da conduta real correm paralelos às normas ou se correspondem com as normas, mas que a validade requer a contrapartida da eficácia, para subsistir como qualidade do Direito positivo.

A experiência nos dá o Direito como objeto contendo essa dualidade. É um dado da experiência, que se tem de aceitar. Toda redutora (psicologismo, sociologismo, axiologismo, nomativismo) tem forçoso ponto de partida nesse dado da experiência. Há de se começar fenomenologicamente com a descrição dos componentes do objeto dado. A redução (não em sentido fenomenológico, claro) de fato de conduta à norma ou valor, ou de norma à ocorrência factual, ou de validade à consciência subjetiva do valor, representam teorizações em nível de meta-experiência. Mas, sem sair dos limites da experiência, temos espécies de objetos, porém inter-

---

(25) Ob. cit., p. 248.

relacionados. Assim, ato subjetivo de pensar, expressão verbal (som, sinal gráfico, como coisas do mundo físico) e proposição, são três estratos ou dimensões ou classes de objetos diferentes e, todavia, constituindo um só feixe unitário que se dá no fato radical 'tenho consciência de algo', ou na espécie 'penso em algo'. Posso converter qualquer lado componente desse plexo uno em objeto, termo-de-referência de novos atos: em correlação intencional de novo ato, seja o pensar, seja a expressão verbal, seja o pensamento pensado (proposição). Seja, ainda, o objeto para o qual tende a consciência, como seu vetor próprio, que é a consciência de objeto. Não se confundem ato subjetivo de pensar, expressão gramatical, proposição, objeto correlato do ato objetivante (*Husserl*) e, não obstante, aí estão, patentemente, numa interconexão irrecusável, os pensamentos pensados, dessubjetivas nas significações de que são portadores os veículos verbais da linguagem, entregues ao universo inter-subjetivo da comunidade, servindo de comunicação entre os sujeitos e informando sobre os fatos do mundo".

Vamos, finalmente, atentar para o fato de que, como ensina *Alfredo A. Becker*[26] "Toda e qualquer relação jurídica é sempre efeito (conseqüência) da incidência de regra jurídica", que não ocorre no mundo sensível, porque como já frisamos, suas conseqüências se passam no mundo da psique. Podemos, é verdade, ver-lhe os resultados no mundo, como quando o herdeiro toma posse da casa que lhe coube em virtude da incidência do art. 1.572 do Código Civil, mas não vê-la, tocá-la, sentir-lhe o odor ou o sabor, ou ouvi-la. Por isso mesmo, por ser fato do mundo de nossos pensamentos, é que ela ocorre fatalmente à simples concreção do suporte fáctico. *Em razão disto é que se justifica o princípio da inalegalidade da* ignorantia iuris *como excludente da ilicitude;* a ninguém é dado alegar que descumpriu a lei por desconhecê-la, precisamente porque a incidência não se condiciona à adesão das pessoas.

O desrespeito à norma pode ocorrer. Isto, porém, não implica ser afastada a incidência, nem afetada a sua incondicionalidade. O cumprimento da lei é ato de aplicação, de execução, portanto, *posterius* em relação à incidência e, naturalmente, dela dependente.

III.2. DIREITO SUBJETIVO, PRETENSÃO DE DIREITO E AÇÃO

Assim leciona *Ovídio A. Baptista da Silva*[27] no mencionado artigo publicado em 1983 cujo tema motivou o presente Manual:

---

(26) Ob. cit., p. 308.
(27) *Revista Brasileira de Direito Processual.* Forense, V. 37, p. 103/135.

"O direito subjetivo é uma categoria fundamental para o processo civil. Diz *Von Thur*, reproduzindo, em linhas gerais, a definição clássica, ser o direito subjetivo a faculdade reconhecida à pessoa pela ordem jurídica, em virtude da qual o titular exterioriza sua vontade, dentro de certos limites, para a consecução dos fins que sua própria escolha determine. Segundo tal conceito, o elemento central da definição está na noção de direito subjetivo como poder da vontade de seu titular, ou seja, a faculdade que a ordem jurídica confere àqueles a quem outorga o direito subjetivo de torná-lo efetivo pelo exercício, defendê-lo perante terceiros, exigir seu reconhecimento e efetivação perante os órgãos públicos incumbidos de prestar jurisdição, ou, enfim, de denunciá-lo.

O conceito de *Ihering* de direito subjetivo como sendo o "interesse juridicamente tutelado" não satisfaz, fundamentalmente, por duas razões: a) o direito objetivo pode conceber a tutela de interesses considerados relevantes pela ordem jurídica mediante a utilização de outras técnicas diferentes do direito subjetivo (*Karl Larenz*, "Derecho civil — Parte general", § 12, II). Em verdade, no direito moderno, onde as incursões estatais no domínio de atividades tidas tradicionalmente como região específica do direito privado são comuns, a ordem jurídica dispensa proteção a incontáveis situações jurídicas sem conferir aos particulares qualquer direito subjetivo; os chama dos "interesses difusos" são situações jurídicas protegidas sem que se chegue à subjetivação do direito na pessoa ou grupo de pessoas que, eventualmente, no plano processual, poderiam invocar a tutela jurisdicional; b) podem ocorrer situações caracterizadas como verdadeiros direitos subjetivos onde seu titular não tenha o menor interesse no seu exercício, como sucede com o direito atribuído ao tutor (*Von Thur*, "Parte general del derecho civil", § 6).

No plano processual, pode haver ainda o fenômeno do reconhecimento de titularidade processual para a causa a formações sociais ou a entidades jurídicas que não disponham de personalidade civil, como ocorre com a legitimação do condomínio, ou da herança jacente, dos chamados "consórcios", dos órgãos não personalizados da administração pública ou Mesas de corpos legislativos, a quem, em determinadas circunstâncias reconhece-se personalidade processual."

E prossegue o ilustre Professor:

"Vê-se, desde logo, que a antiga ilusão de ser o direito subjetivo a expressão individual, ou a subjetivação, do direito objetivo, como se os dois conceitos fossem de igual dimensão, não tem fundamento. A concepção que fazia o direito subjetivo como sendo a *facultas agendi* e *norma agendi* o direito objetivo deve ser, desde logo, afastada. O direito objetivo é muito mais vasto do que poderá sê-lo o direito subjetivo. As normas jurídicas que disciplinam a atividade administrativa do Estado, as que regulam o processo legislativo, as regras de direito processual que instrumentalizam a função jurisdicional, tais como as normas sobre competência e tantas outras, são autênticas normas jurídicas componentes do sistema de direito objetivo de um determinado Estado, e não atribuem a ninguém direito subjetivo.

O direito subjetivo, para quem o analise na perspectiva dogmática, corresponde a uma técnica de que o legislador lança mão, portanto, no plano do direito positivo, há de ser, sempre, um *posterius* em relação ao direito objetivo. Não pode haver direito subjetivo anterior ao momento da positivação do direito. Se o legislador o cria ou apenas o revela a partir da natureza social do homem, é questão alheia a nossa contexto e que não cabe, agora, suscitar.

Duas observações impõem-se, desde logo, para compreensão do problema: a primeira delas é a de que a atribuição ou o reconhecimento de titularidade de um Direito subjetivo implica sempre em reconhecer a seu titular a faculdade de exercer as vantagens que tal posição jurídica possa conter e a faculdade de defendê-lo em juízo, sempre que o direito subjetivo seja ofendido ou corra risco iminente de sê-lo. Isto, como veremos logo, não significa que a todo direito corresponda uma ação que o assegure, pois pode ocorrer que o direito subjetivo já exista, ou ainda exista, e lhe falte a pretensão que o torne exigível. O que se quer significar é que a ninguém, a não ser a seu titular, salvo os raríssimos casos de representação legal de incapaz e outros similares, é dado defendê-lo em juízo. Essa premissa tem repercussões importantes no campo do processo, particularmente nas questões ligadas à coisa julgada e eficácia da sentença. A outra observação é a de que o direito subjetivo, assim definido, é um *status*, uma categoria jurídica estática, ao contrário da ação que pode ser esse próprio direito subjetivo em seu momento dinâmico. Diz-se que o proprietário é titular do domínio, assim como o credor tem direito subjetivo de crédito; ambos têm direitos subjetivos. Ambos têm o estado de sujeitos de um poder que a ordem jurídica lhes confere. Nesse estado potencial, nenhum exercício lhes é exigido para que o *status* de titularidade da situação de vantagem se mantenha.

A primeira confusão, portanto, a evitar-se será aquela que costuma confundir a 'ação' com o 'direito subjetivo público' de invocar a tutela jurisdicional, ou de suscitar a atividade dos órgãos estatais encarregados de prestar jurisdição. A 'ação' não é um direito subjetivo, pela singela razão de ser ela a expressão dinâmica de um direito subjetivo público que lhe é anterior e que a funda. A 'ação' no plano processual, em verdade, é a manifestação do direito público subjetivo que o Estado reconhece aos jurisdicionados de invocação da jurisdição. Uma vez afastada essa primeira confusão, pode-se ter uma compreensão adequada das duas categorias, a do direito subjetivo processual de ação e a 'ação' processual, propriamente dita.

Pode haver direito subjetivo sem que haja, ainda, ou não mais exista, a faculdade normal que seu titular deveria ter de poder exigir a observância e a realização do próprio direito. Se sou titular de um crédito ainda não vencido, tenho já direito subjetivo, estou na posição de credor. Há *status* que corresponde a tal categoria de Direito das Obrigações, porém, não disponho ainda da faculdade de exigir que meu devedor cumpra o dever correlato, satisfazendo a meu direito de crédito. No momento em que ocorrer o vencimento, nasce-me uma nova faculdade de que meu direito subjetivo passa a dispor, qual seja o poder exigir que meu devedor preste, satisfaça, cumpra a obrigação. Nesse momento, diz-se que o direito subjetivo, que se mantinha em estado de latência, adquire dinamismo, ganhando uma nova potência a que se dá o nome de pretensão. A partir do momento em que posso exigir o cumprimento do dever que incumbe ao sujeito passivo da relação jurídica, diz-se que o direito subjetivo está dotado de pretensão. Contudo, a partir daí, se meu direito de crédito não é efetivamente exigido do obrigado, no sentido de compeli-lo ao pagamento, terei, pelo decurso do tempo e por minha inércia, prescrita essa faculdade de exigir o pagamento. Haverá, a partir de então, direito subjetivo, porém não mais pretensão e, conseqüentemente, não mais ação, que, como logo veremos, é um momento posterior na vida do direito subjetivo.

As doutrinas que se formaram a partir da segunda metade do século XIX, ligadas à pandetística germânica, ao definirem o direito subjetivo como nascendo no momento de sua violação, são as principais responsáveis pela confusão que ainda agora se faz, na doutrina processual, entre ação e direito subjetivo (no sentido da confusão, *August Thon*, "Norma giuridica e diritto soggetivo", III, 8, que o define como sendo a tutela outorgada ao titular do direito subjetivo fosse a tutela estatal e não a situação existencial que a condiciona e justifica).

Observe-se que estamos a tratar, ainda, de categorias próprias do direito material. *Tanto o direito subjetivo, quanto a pretensão* de que acima tratamos, *são conceitos de direito material*. Existe o direito subjetivo e existe a pretensão que é a faculdade de poder exigir-se a satisfação do direito. Segundo tal entendimento, não pode haver, como muitos supõem, uma 'pretensão procedente', como não poderia haver um 'direito procedente', pela simples razão de que não seria imaginável um 'direito improcedente'. Procedência e improcedência são categorias processuais que correspondem à averiguação sobre a existência ou não existência da pretensão suscitada pelo litigante. *No plano do direito material o direito existe e será sempre procedente quando invocado no processo ou não existe e o resultado será a improcedência da demanda.* Nova observação torna-se, no entanto, imperiosa: quando se fala, em livros de processo, de 'direito material', não se há de confundir a expressão com direito privado, ou mesmo com direito não-processual. Na perspectiva do processualista, mesmo o direito processual, quando objeto da *res deducta,* há de ser tratado como direito material, pois na demanda em que alguma norma de direito processual constituir objeto da controvérsia, ela há de ser tratada como norma substancial: na ação rescisória onde se alegue peita ou incompetência absoluta do juiz (art. 485, I e II Código de Processo Civil), as regras processuais se transformam em *res deducta* e, pois, em direito material, daquela causa. Na dimensão processual, trabalha-se com outros conceitos que não são os estáticos do direito material, como mostrou *Goldschmidt.* Seria próprio dizer-se que a pretensão de tutela jurídica que alguém haja exercido, através da 'ação processual', fora utilizada sem que o titular dessa pretensão contra o Estado tivesse o direito que alegara ter. Mas *a pretensão de tutela jurídica, como a 'ação processual', nunca é improcedente, mas simples veículo para averiguar-se a procedência ou improcedência da afirmação sobre a existência do direito material invocado.*

Temos, então, que a ordem jurídica, o direito objetivo de um Estado, pode outorgar a condição de sujeito de direito a alguém, mas não reconhecer-lhe ainda, ou já não lhe reconhecer mais, o poder exigir a satisfação de tal direito. Nesse caso haverá o direito subjetivo e não haverá a pretensão de direito material. Certamente, na normalidade dos casos, há o direito subjetivo e há a respectiva pretensão, que não é outro direito, mas o próprio direito subjetivo potencializado, dotado desse dinamismo capaz de torná-lo efetivo.

Se, nessa circunstância, o titular do direito subjetivo exige do obrigado o cumprimento, está a exercer pretensão de direito material; estará exigindo, forçando o titular do dever jurídico (obrigado, *lato sensu*) à observância da conduta que o dever lhe impõe. Ainda não estará agindo para a realização. *Enquanto pretendo, não ajo (Pontes de Miranda,* "Tratado das Ações", I, § 6). *A pretensão é meio para fim, mas este fim, na medida em que apenas exijo o cumprimento do dever jurídico, é obtido mediante conduta voluntária do obrigado.* O exercício da pretensão supõe, então, ação do destinatário do dever jurídico, prestando, cumprindo, satisfazendo a obrigação. O exigir que é o conteúdo da pretensão, não prescinde do agir voluntário do obrigado, ao passo que a ação de direito material é o agir do titular do direito para a realização, independentemente da vontade daquele.

Na normalidade dos casos, a satisfação dá-se através de ato ou omissão do obrigado, mas pode haver pretensão cujo atendimento não se dê por ato do sujeito passivo, como a exigibilidade do divórcio, que é pretensão à desconstituição, como seria qualquer outra, cuja satisfação só se dá através do exercício da respectiva ação, portanto através da jurisdição e não por ato do sujeito passivo. De resto, como veremos oportunamente, ao tratarmos da classificação das ações e sentenças, nos direitos formativos não há, como normalmente ocorre na generalidade dos casos, a figura do dever, pois nesta espécie, o sujeito passivo sofre, mais propriamente do que presta em cumprimento de um dever jurídico.

Se, todavia, o titular do direito subjetivo exige do obrigado a satisfação e tal exigência foi infrutífera, porque o sujeito passivo viola o dever jurídico e o infringe, nasce ao titular do direito a ação de direito material, que é o agir — não mais o simples exigir — para a realização. A ação exerce-se principalmente através da 'ação' (*Pontes de Miranda*, ob. cit. § 23, 2), mas tal não sucede necessariamente. Em hipóteses excepcionais, pode haver exercício de ação de direito material sem que o agente a veicule através da jurisdição, como é o caso da legítima defesa da posse prevista no artigo 502 do Código Civil.

Se a tutela através do Estado torna-se inviável por não poder o interessado invocá-la eficazmente, em razão de obstáculo natural, como sucede quando não possa ele pedir o socorro judicial em virtude de estar sediado o juiz em local distante, ou inacessível por motivo de guerra ou inundação, ou por outra qualquer calamidade pública, estará o titular do direito legitimado ao exercício da ação que lhe caiba, em realização privada do próprio direito, sob forma de autotutela, ou justiçamento de mão própria (*Enneccerus* — *Nipperdey*, "Tratado", I, 2ª Parte, § 242, II, 2; *Pontes de Miranda*, "Tratado de Direito Privado", II, § 201, g)."

III.3. RELAÇÃO JURÍDICA INSTRUMENTAL

Partimos do princípio de que o direito material está consubstanciado no corpo de normas que disciplinam as relações jurídicas referentes a "bens e utilidades da vida", nesse caso personificadas pelo plexo normativo representado pelo direito civil, direito penal, direito tributário, direito comercial, etc., razão pela qual, podemos afirmar que o direito instrumental ou processual é o complexo de normas e princípios que se instrumentalizam, a serviço do direito material.

Nesse contexto, notamos que o objeto da relação de direito material é o bem da vida em disputa e o objeto da relação de direito instrumental ou processual é a prestação jurisdicional requerida. Em outras palavras, podemos afirmar que a relação jurídica de direito material é o objeto da relação jurídica processual que é norma instrumental para a realização da pretensão em nível jurisdicional.

Assim, podemos afirmar que, a cada direito material corresponde uma ação, o que significa dizer que o objeto da ação (pedido) divide-se, pois, em material ou processual (instrumental).

Portanto, o direito material fornece o mérito e está deduzido na demanda, enquanto que o direito processual se expressa no provimento declaratório, constitutivo ou condenatório requerido ao órgão jurisdicional.

No mesmo sentido os ensinamentos de *Cândido Rangel Dinamarco*[28] citando *Bulow* ao estabelecer os três aspectos que distinguem a relação jurídica processual da relação de direito material: a) pelos seus sujeitos (autor, réu e Estado-juiz); b) pelo seu objeto (a prestação jurisdicional); c) pelos seus pressupostos (os pressupostos processuais), que são os requisitos necessários à regularidade e existência da relação processual, como por exemplo, a capacidade das partes.

Leciona excelentemente *Rogério Lauria Tucci*[29] que "o processo — a par de seu objeto material, que é a pretensão, uma declaração de vontade impositiva, formulada em face de outrem, a fim de obter-se a satisfação de um interesse; ou mais propriamente, a lide, a ser composta por obra de agente do Poder Judiciário, juiz ou Tribunal a cuja apreciação subjetiva — tem, também, um objeto formal, que diz respeito aos atos do procedimento e, igualmente ao denominado direito de ação, ou seja, mais precisa e respectivamente, aos pressupostos processuais e às condições da ação".

A coexistência destes, aliás, é imprescindível à pronunciação, pelo órgão jurisdicional, da sentença definitiva, referente ao *meritum causae*.

E prossegue o eminente processualista por anotar que:

> *Luiz Machado Guimarães*, dentre os autores que se ocuparam do tema, bem o demonstra, em excelente doutrinação, enfatizando: "Para que se possa desenvolver proficuamente o processo e preencher a sua função, é necessário que, entre essas três entidades, exista uma relação de adequação. Cumpre ao autor formular um pedido adequado ao conflito que o separa do réu; cumpre-lhe, mais, propor um processo adequado ao pedido feito. Os requisitos que devem concorrer para que exista essa relação de adequação e de propriedade entre o conflito de interesses e a lide, e entre a lide e o processo, são, respectivamente, as condições da ação e os pressupostos processuais. Incumbe ao juiz, antes de entrar no exame do mérito da lide, verificar se o processo se instaurou e se desenvolveu regularmente e, outrossim, se o pedido corresponde à sua causa indireta, que é o conflito de interesses; incumbe-lhe, em suma, inquirir previamente da existência dos pressupostos processuais e das condições da ação."

III.4. POSSIBILIDADE JURÍDICA DO PEDIDO. INTERESSE DE AGIR E LEGITIMIDADE PARA AGIR

Vamos tomar como exemplo o processo de execução fiscal, em que a forma, conteúdo e destinação do título estão relacionados com o plano de direito

---

(28) *Teoria geral do processo*. 9. ed. São Paulo: Malheiros, 1992.
(29) *Do julgamento conforme o estado do processo*. 3. ed. São Paulo: Saraiva, 1988. p. 89.

instrumental, conforme se depreende do art. 583 do CPC que dispõe que a pretensão do sujeito ativo deve ter por fundamento título executivo judicial ou extrajudicial com as características do art. 586, ou seja, liquidez, certeza e exigibilidade, virtudes essas já referidas no presente trabalho.

Assim, sendo o título uma norma individual e concreta, reflete a relação jurídica tributária nele contida, com todos os seus elementos (sujeito ativo, sujeito passivo, objeto, dever jurídico e direito subjetivo), bem como, substancialmente, a autorização para que se instaure a relação processual instrumental em nível judicial.

Conseqüentemente, podemos afirmar que a análise do título que embasa a pretensão do sujeito ativo deve identificar os requisitos previstos na lei processual, a fim de que possa instaurar o vínculo processual que vai servir de fundamento para o Poder Judiciário exercer a sua função estatal.

Para a demonstração analítica desses requisitos preferimos selecionar, de forma essencialmente prática, os ensinamentos de *Donaldo Armelin*[30] que, de maneira clara e concisa trata da questão. Diz o ilustre Professor da PUC/SP que a legitimidade, na Teoria Geral do Direito, é a qualidade de requisito indispensável à perfeição do ato jurídico. Para tanto, leciona que a legitimidade é uma qualidade do sujeito, medida em função do ato jurídico praticado: essa qualidade, tem como suporte "uma situação jurídica oriunda precipuamente da titularidade de uma relação jurídica ou de uma posição em uma situação de fato, à qual o direito reconhece efeitos jurígenos" completa o Autor.

Após fixar o conceito de ação como um "direito condicionado" passa ao exame das condições que tornam possível o seu exercício e lembra que as condições de admissibilidade da função jurisdicional estão sujeitas aos seguintes requisitos: a possibilidade jurídica de pedido, que segundo *Arruda Alvim*, deve conter providência que esteja, em tese, prevista no ordenamento jurídico, expressa ou implicitamente: o interesse de agir, que nos ensinamentos de *Frederico Marques*, deve ser constatado pela utilidade da atuação da jurisdição, consubstanciada na presença de um título certo, líquido e exigível; e, finalmente, a legitimidade *ad causam* que, no magistério de *Buzaid* é a pertinência subjetiva da ação, ou seja, é o resultado da titularidade do direito de ação.

a) A Possibilidade Jurídica do Pedido

Leciona *Donaldo Armelin*[31] que, "normalmente, o pedido veiculado em um processo tem seu suporte jurídico no direito material. Excepcionalmente um

---

(30) *Legitimidade para agir no direito processual civil brasileiro*. São Paulo: Rev. Trib., 1979. p. 10, 37, 47, 53, 70, 77, 78, 161.
(31) Ob. cit., p. 56.

processo veicula matéria exclusivamente processual, como ocorre com os mandados de segurança contra ato judicial, cujo objeto imediato seja a desconstituição do ato processual lesivo ao impetrante".

Nesse sentido, salienta o e. Professor, que "dizer que um pedido é insubsumível às normas jurídicas do sistema jurídico vigente, porque existe uma vedação expressa a respeito, não difere de se julgar que um pedido não pode ser acolhido porque não provou o autor a existência do suporte fático indispensável à sua subsunção à norma legal invocada. Ambos levam à rejeição do pedido em razão de sua carente fundamentação. Apenas em um caso inexistem fundamentos jurídicos; noutro, fáticos".

Para Rogério *Lauria Tucci*[32], a possibilidade jurídica consiste na "adequação do pedido do autor à ordem jurídica a que pertence o juiz, de sorte a poder este apreciar a espécie de ato decisório de mérito solicitado, sendo que o fato explicitado deve coincidir, exatamente, com a norma de direito material aplicável.

Ensina *E. D. Moniz de Aragão*[33] que, relativamente à possibilidade jurídica, necessário se torna a análise do pedido do autor, objetivando a composição da lide, ou seja, a sentença considerada como ato estatal que define o litígio quanto ao mérito. E referindo-se, especificamente, ao processo de execução, aduz que:

"Neste é de se considerar não só o aspecto resultante da exigência legal do título, em tese, como o da enunciação taxativa de títulos, que o autorizam. Então, sim, será possível não só falar de possibilidade jurídica relativamente à existência da previsão legal quanto à providência pleiteada pelo exeqüente como de possibilidade jurídica em termos também processuais, pois há uma relação mais íntima entre o direito que se queira fazer valer e a possibilidade jurídica de promover execução."

b) O Interesse de Agir

José Afonso da Silva[34], leciona que a legitimidade para agir e a possibilidade jurídica do pedido estão inseridos no próprio título executivo, resultando, porém, o interesse de agir, do inadimplemento da obrigação.

Nesse sentido, lembra *Donaldo Armelin*[35], que, para *Humberto Teodoro*, as condições de admissibilidade da pretensão do sujeito ativo estão lastreadas na

---

(32) *Do julgamento conforme o estado do processo*. São Paulo: Saraiva, 1988/95.
(33) *Comentários ao Código de Processo Civil*. 3. ed. II V. Rio de Janeiro: Forense, 1979. p. 521.
(34) Execução Fiscal, 2. ed., São Paulo, *Rev. Tribunais*, p. 26.
(35) Legitimidade para agir no direito processual brasileiro, *Rev. Trib.* SP, p. 71, 1979.

existência do título, que se constitui no pressuposto de natureza formal, concomitantemente ao inadimplemento que seria um pressuposto de ordem material desta.

Ainda da obra em referência selecionamos os seguintes ensinamentos que estão diretamente direcionados para a matéria ora tratada:

Examinado o título sob a angulação do direito material nele incorporado, constata-se que o CPC optou pela existência do direito material nele contido, ao dispor no art. 581 a inadmissibilidade da execução, quando o devedor já tiver satisfeito a obrigação nele incorporada.

Se o comprovante da satisfação do direito veiculado no pedido do credor tem o condão de transformá-lo em condição de admissibilidade, então o adimplemento poderá ser considerado como tal condição. Caso contrário, o que parece mais adequado à natureza do processo de execução, uma semelhante decisão nada mais representa do que a aferição *prima facie* do cumprimento da obrigação pelo devedor, e portanto, da extinção do direito do credor.

Ao acrescentar a exigibilidade como requisito de exeqüibilidade do título, o legislador, em verdade, incorporou a este a condição de expressão formal do interesse de agir. Portanto, encerrando o título formalmente perfeito quase todas condições de admissibilidade da ação de execução, porque assegura a procedibilidade do pedido de satisfação do direito a ele incorporado, reflete também, no que tange ao interesse de agir, sua expressão formal, que é a exigibilidade do crédito.

Salienta *Rogério Lauria Tucci*[36] que, o interesse de agir ocorre quando o autor objetiva a concessão do pedido para a satisfação de seu interesse material. E citando *José Frederico Marques*, preleciona que "Há, assim, o interesse de agir sempre que a pretensão ajuizada, por ter fundamento razoável, se apresenta viável no plano objetivo. Interesse de agir significa existência de pretensão objetivamente razoável".

Moacir Amaral Santos[37] leciona, excelentemente que, para que haja o interesse de agir, o autor deve pretender do Judiciário determinada providência ligada a uma pretensão que tem por objeto determinado bem jurídico que denomina de "interesse primário". Assim, adverte que "o interesse de agir confunde, de ordinário, com a necessidade de se obter o interesse primário ou direito material pelos órgãos jurisdicionais. Diz-se, pois, que o interesse de agir é um interesse secundário, instrumental, subsidiário, de natureza processual, consistente no interesse ou necessidade de obter uma providência jurisdicional quanto ao interesse substancial contido na pretensão.

---

(36) *Do julgamento conforme o estado do processo*, Saraiva, SP, 1988, p. 98.
(37) *Primeiras linhas de direito processual civil*. 12. ed. São Paulo: Saraiva, 1985. p. 172/173.

c) Legitimidade para Agir

Nesse caso *Donaldo Armelin*[38], assinala que a legitimidade *ad causam* se revela, precipuamente, por meio do título. Para tanto, cita *La China* para deixar consignado que a questão da legitimidade ativa em qualquer processo objetivando fazer valer a pretensão do sujeito ativo, enquadra-se em três hipóteses:

— o sujeito mencionado no título como credor ou titular do direito é, efetivamente, o titular do direito material incorporado ao título.

— o sujeito mencionado no título não é titular do direito material nele incorporado.

— o sujeito não é mencionado no título, mas é o titular do direito material contido no documento.

Portanto, para o Autor, esses ensinamentos demonstram que a legitimidade não pode, em muitos casos, ser apreciada em função do título, devendo, por conseguinte, ser pensada em função do direito nele incorporado.

Nessa ordem de raciocínio, necessário se torna esclarecer o sentido do vocábulo "pretensão" que consubstancia o comportamento do sujeito ativo que dá sustentação à dinâmica do direito instrumental. Leciona *Araken de Assis*[39]: "Conquanto projeção de iniciativa, a pretensão constitui figura intercalar entre o direito subjetivo e a ação. Do direito subjetivo difere por existirem direitos inexigíveis, vale dizer, destituídos de pretensão. Logo se impõe a referência a um direito de crédito cuja exigibilidade se encontra diferida ante um termo ou uma condição. O titular do crédito deverá aguardar tempos propícios para reclamar do obrigado o pagamento. Embora expressivo, o Exemplo não elimina a pretensão real, coeva ao direito, dirigida contra todos e visando à continuidade do estado imperturbável do direito. E da ação se distingue a pretensão porque, enquanto potência, não importa, ainda, em agir. Uma vez pretendendo, se afigura possível que o sujeito passivo cumpra, e, assim, torne inútil qualquer agir posterior. Por outro lado, há pretensão sem ação. Representa, perfeitamente, a pretensão o verbo 'querer'".

Tratando da legitimação para a causa ou *legitimatio ad causam*, *Rogério Lauria Tucci*[40] demonstra que a expressão designa a titularidade ativa ou passiva da relação jurídica afirmada pelo autor, ao ajuizar a ação. E assinala que se trata do que denomina *Alfredo Buzaid* de "pertinência subjetiva da ação" ou seja, "esta deve ser proposta por quem se alinha como titular do interesse subordinante, ou prevalecente, na relação de direito material tornada litigiosa, em face daquele cujo interesse, conseqüentemente, se apresente como subordinado ao autor". Ou, como aduz *José Frederico Marques*, ao referi-se à sua preleção:

---

(38) Legitimidade para agir no direito processual brasileiro, *Rev. Trib.*, SP, 1979, p. 164.
(39) *Cumulação de ações.* 1. ed. 2. tiragem. São Paulo: Rev. Trib., 1991. p. 64/65.
(40) *Do julgamento conforme o estado do processo.* Saraiva, SP, 1988.

"... consiste a legitimidade *ad causam* (legitimidade de parte, ou também legitimidade para agir) na individualização daquele a quem pertence o interesse de agir e daquele em frente o qual se formula a pretensão levada ao judiciário. Diz respeito a legitimação para agir à posição de autor e réu em relação a um litígio. Só os titulares dos interesses em conflito têm direito à prestação jurisdicional e ficam obrigados a subordinar-se, *in casu*, ao poder ou *imperium* estatal. Legitimação *ad causam* significa existência de pretensão subjetivamente razoável".

Admitindo-se, pois, que o título que fundamenta a pretensão do sujeito ativo, deve, em tese, preencher os requisitos dos arts. 267, VI, 3º e 295 do CPC que dispõem sobre os pressupostos processuais para que o Juiz possa chegar à decisão de mérito, que tem por objeto a análise e interpretação do direito material nele contido, patente se torna a imperiosa necessidade de, na vida prática do profissional do Direito, o mesmo possa, de pronto, estabelecer parâmetros que sustentem ou afastem as condições de exeqüibilidade processual do documento que irá propiciar a sustentação jurídica do pedido do Autor.

Necessário se torna, ainda, chamar a atenção para o fato de que, ao proceder à análise dos pressupostos processuais que viabilizam a execução, o profissional estará, ao mesmo tempo, estudando a própria Teoria Geral do Direito, especialmente na parte que compreende o direito material ou substancial e, por via de conseqüência, o reflexo desse direito no plano instrumental, eis que, como já anotado, os planos material e formal são indissociáveis.

Nota-se, outrossim, que o conceito de ação, na qual o sujeito ativo torna real a sua pretensão, é um direito que deve ser exercido respeitando-se o preenchimento das condições de sua admissibilidade a que nos referimos: a possibilidade jurídica do pedido, o interesse de agir e a legitimidade *ad causam* que devem, intrinsecamente, constar do título que autoriza a instalação da relação jurídica processual.

Assim, correto o entendimento de que as condições de admissibilidade da ação constituem matéria preliminar ao exame de mérito que se assenta no direito material invocado.

Outrossim, sendo a ação um direito abstrato que depende da vontade para ser instaurada, necessita da existência efetiva dessas condições para demonstrar a validade do seu exercício, bem como dos pressupostos processuais para a comprovação do interesse dos sujeitos do processo e dos aspectos formais que devem nortear a relação jurídico-processual.

Na mesma ordem de idéia, ao tomar contato com a pretensão do sujeito ativo, manifestada por meio do título que fundamenta a ação interposta, o profissional do Direito passará ao exame do documento, estudando, inicialmente, se o autor dispõe da possibilidade jurídica do pedido, motivo pelo qual deverá aquilatar se houve a devida adequação do pedido à ordem jurídica e se o fato nele descrito coincide com a norma de direito material aplicável.

Em outras palavras, se o profissional se depara com um título extrajudicial que imputa ao sujeito passivo fato incompatível com a capitulação nele contida, faltará ao sujeito ativo da relação jurídica instrumental a possibilidade jurídica do pedido, tornando inviável a ação proposta. Exemplo típico é o do título que atribui ao sujeito passivo operações de transporte de mercadorias dentro do município com a conseqüente cobrança do Imposto de Circulação de Mercadorias e Serviços (ICMS).

Donaldo Armelin[41], em poucas palavras descreve o mecanismo pelo qual o profissional do Direito deve pautar-se ao analisar o título que embasa a pretensão do autor:

"Dizer que um pedido é insubsumível às normas jurídicas do sistema jurídico vigente, porque existe uma vedação expressa a respeito, não difere de se julgar que um pedido não pode ser acolhido porque não provou o autor a existência do suporte fático indispensável à sua subsunção à norma legal invocada. Ambos levam à rejeição do pedido em razão de sua carente fundamentação. Apenas em um caso inexistem fundamentos jurídicos; noutro fáticos. Inobstante no caso de vedação expressa do sistema a premissa maior do silogismo judiciário ser inaceitável, e, no caso de falta de prova ocorrer isso com a premissa menor desse silogismo, ambas as hipóteses, para efeitos processuais, são ontologicamente iguais, ou melhor, deveriam ser no que tange aos efeitos emergentes de sua constatação. A circunstância da apreciação da inviabilidade do pedido poder ser feita *ab initio* não retira da decisão, que o rechaça por impossibilidade jurídica, a natureza de decisão de mérito, porque, como é cediço, o momento da prolação de tal decisão no processo de modo algum tem o condão de firmar ou infirmar a sua natureza. Realmente, se cotejadas a decisão que, liminarmente, indefere a inicial por ocorrência de decadência do direito do autor (art. 295, V, do CPC) e a que indefere a inicial por inépcia, decorrente da impossibilidade jurídica do pedido (art. 295, I, combinado com o parágrafo único, III), constata-se que, idênticas sob o prisma temporal, não o são quanto às suas conseqüências processuais, embora devessem sê-lo, porque, sob o ângulo do direito material, são idênticas."

Relativamente ao interesse de agir, deve o sujeito ativo provar, com a exibição do título, que o seu direito é exigível, tendo em vista que, sob o ponto de vista do direito material a pretensão tem suporte no vencimento da obrigação cujo adimplemento não foi cumprido pelo sujeito passivo.

---

(41) *Legitimidade para agir no direito processual brasileiro.* São Paulo: Rev. Tribunais, 1979. p. 53.

Conseqüentemente, o interesse de agir está intimamente relacionado com a exigibilidade da obrigação, eis que, o título representa o sinal exterior da pretensão do autor que nasceu porque o sujeito passivo do vínculo não cumpriu, espontaneamente, o dever jurídico a que se obrigou no prazo nele estipulado.

De se notar que, se a obrigação se sujeita a um termo que ainda não ocorreu, a prestação se torna inexigível, motivo pelo qual decorrem do título os elementos necessários para que o Juiz possa concluir pela existência do legítimo interesse para o normal desenvolvimento da relação processual inaugurada com o pedido do autor.

Em outras palavras: no caso do interesse de agir, deve o profissional analisar se a obrigação se tornou exigível após o seu vencimento, observado o direito material que dispõe sobre a matéria em litígio. É que, ao externar a sua pretensão propondo a execução do devedor da obrigação, o sujeito ativo deve demonstrar que o título objeto da inscrição na dívida ativa teve origem no comportamento adotado pelo sujeito passivo, deixando de cumprir a obrigação no prazo fixado.

Por conseqüência, deve o profissional da área jurídica ter em mente que, ao externar a sua pretensão, via título, o fundamento básico daquele documento consiste no fato de que o sujeito passivo descumpriu o prazo estipulado na obrigação de direito material e que o referido título teve origem no inadimplemento que resultou desse comportamento.

No tocante à legitimidade para agir, que se revela ao analista por meio do título que instrui o pedido do sujeito ativo, está a referida condição sujeita à existência de uma pretensão subjetivamente razoável, na qual deve ser observada a efetiva existência da titularidade ativa da relação jurídica afirmada pelo autor ao externar a mencionada pretensão.

No dizer de *Donaldo Armelin*[42] "a legitimidade ativa, no processo, resulta ou da real inserção do autor numa lide existente tal como retratada na inicial, ou da afirmação deste quanto à sua situação nessa lide, ainda que se apure, na sentença que decidir o mérito, a inexistência do direito embasador da pretensão resistida ou insatisfeita.

Assim, quando A, dizendo-se credor de B, ajuíza uma ação de cobrança desse crédito, que vem a ser reconhecido como inexistente, a rigor, sob o enfoque do direito material, a decisão deveria ser meramente terminativa, e não definitiva, porquanto a inexistência do direito implica, necessariamente, falta de titularidade, e, pois, de legitimidade. Como esta qualidade precede o mérito, na aferição pelo órgão judicante das questões no processo, haveria, antes, uma carência de ação, a inibir a improcedência reconhecida".

---

(42) Ob. cit., p. 83.

Daí a perfeita observação de *Buzaid*⁽⁴³⁾ no sentido de que a legitimidade tem origem na titularidade do direito de ação. Nesse sentido ensina que "parte" e "parte legítima" são conceitos que se distinguem, eis que, diz-se parte quem está no processo e parte legítima quem deve estar no processo. Assim, para o ilustre Mestre, a Legitimidade se relaciona com o quesito deontológico: por quem e contra quem deveria ser proposta a ação, isto é, quem é o verdadeiro autor e quem é o verdadeiro réu⁽⁴⁴⁾. E acrescenta que "a legitimidade de parte há de ser considerada do ponto de vista do sujeito ativo e do sujeito passivo da relação jurídica processual. A legitimação de agir *(legitimatio ad causam)* escreve *Liebman* consiste na titularidade da ação em sua pertinência subjetiva àquele que propõe a demanda e contra aquele que foi chamado a juízo; e depende da situação do sujeito quanto à relação jurídica litigiosa."

Prossegue o referido Autor por dizer que entre a legitimidade de parte e o interesse processual existe estreito nexo, e cita *Carnelutti*, para quem o interesse de agir "supõe a legitimação, enquanto que esta não implica o interesse; logicamente o problema da legitimidade precede o problema do interesse de agir. O interesse diz respeito não à pertinência, mas ao exercício da ação; assim se distingue uma da outra, esclarecendo que a legitimação, como a capacidade, relacionam-se com o modo de ser subjetivo, enquanto que o interesse concerne ao modo de ser objetivo (causal) do outro".

No que concerne à questão relativa à legitimidade *ad causam* levará, pois, o analista do título que retrata a pretensão do sujeito ativo à leitura do art. 566 para se certificar se o credor da obrigação tem como opositor pessoa que ocupa a posição de devedor, nos termos dos incisos II a V do art. 568 do CPC.

Visão abrangente e esclarecedora no sentido de estabelecer a diferença de conteúdo e de formulação no emprego da norma individualizada, especialmente no tocante ao processo de execução nos oferece *Teori Albino Zavascki*⁽⁴⁵⁾. Diz o Mestre:

> "Ao sustentarmos que o conteúdo do título executivo é uma norma jurídica concreta, individualizada, estamos afirmando que ele não só (a) espelha a relação jurídica exsurgente da incidência da norma abstrata sobre o suporte fático, mas, mais que isso, que ele (b) é portador de uma eficácia típica: a de autorizar a outorga de tutela jurisdicional executiva. Essa eficácia não decorre de ato de vontade, nem de sentença. Decorre, sim, da própria norma jurídica, da qual é parte essencial. "A norma jurídica *permite* que o lesado pela violação dela exija o cumprimento dela",

---

(43) *Agravo de petição no sistema do Código de Processo Civil*. São Paulo: Saraiva, 1956.
(44) *Ação declaratória no direito brasileiro*. 2. ed. São Paulo: Saraiva, 1956.
(45) *Processo de execução*. São Paulo: Rev. Trib., 2004. p. 265/266.

escreveu *Goffredo Telles Júnior*[46], acrescentando: "Em virtude do autorizamento, o lesado pode, com fundamento jurídico, completar sua interação com quem o prejudicou. Após a *ação violadora* da norma jurídica, a própria norma violada autoriza e permite a reação competente". Esse é, aliás, o elemento distintivo por excelência entre a norma jurídica e as demais normas de conduta: a aptidão para atribuir ao lesado a faculdade de exigir o seu cumprimento forçado. Segundo a lição clássica de *Luis Recasens Siches*[47], "en el Derecho, cabalmente la posibilidad predeterminada de esa ejecución forzada, de la imposición inexorable de lo determinado en el precepto jurídico, incluso por medio de poder físico, constituye un ingrediente esencial de éste. La sanción jurídica, como ejecución forzada de la conducta mandada en el precepto (...), o como ejecución forzada de una conduta sucedánea de reparación o compensación, o como retribución de una infracción consumada ya irremediable — pena — constituye un elemento esencial de la norma jurídica". Assinale-se que tal atributo está presente não apenas na norma jurídica abstratamente considerada, mas também na norma individualizada. As duas são estruturalmente assemelhadas, sendo que "a essência da norma individualizada (...) é idêntica à da norma genérica. Há, entre ambas, diferença de grau, que não afeta a substância". O conteúdo do título executivo é, portanto, uma norma individualizada, e não um simples ato jurídico. Com efeito, para sustentar a afirmação de que o título é, substancialmente, um ato apenas, ter-se-ia que admitir, como alguns admitem, que o título extrajudicial é "ato onde se acerta também a sanção". Ora, essa doutrina compromete o monopólio estatal no domínio de perinorma (estabelecimento da sanção jurídica), e, por isso mesmo, não se compadece com nosso sistema de direito. É a norma que impõe as conseqüências sancionatórias às condutas lesivas. Ao puro e simples ato de vontade não se confere aptidão alguma para criar, atribuir ou *acertar* a sanção.

Toda a norma jurídica, inclusive a norma individualizada, compõe-se de dois enunciados: o da endonorma, ou norma primária, que dispõe sobre a conduta devida, a prestação, o dever jurídico e que relaciona o sujeito ativo e o sujeito passivo; e o da perinorma, ou norma secundária, que estabelece a sanção, a conseqüência jurídica, em caso de não cumprimento do preceito endonormativo, e que é dirigido contra o Estado, trazendo embutida autorização para que o interessado possa vindicar a tutela jurisdicional. O que caracteriza o título executivo é a peculiaridade de representar norma individualizada que contém, no enunciado da sua perinorma, autorização para outorga, ao interessado, de uma específica forma de tutela; a tutela jurisdicional executiva. Essa eficácia é reservada a certas normas individualizadas, revestidas de características especiais, estabelecidas em lei.

---

(46) *Direito quântico*, p. 263.
(47) *Estudios de filosofia del derecho*. Barcelona: Bosch Casa Editoria, 1936. p. 128.

IV
Norma Individual e Concreta

Antes de adentrarmos ao específico tema das normas individuais e concretas, não poderíamos deixar de chamar a atenção para os estudos de *Paulo de Barros Carvalho*[1], que estabeleceu importante diretriz para o conhecimento da dinâmica das normas geral e abstrata, bem como, da norma individual e concreta, que nos possibilitará conhecer o real mecanismo do direito instrumental, que, repetimos, tem a especial função de estabelecer a dimensão concreta do direito material, ao chamar a atenção para o fato de que a pretensão do sujeito da relação jurídica somente poderá ser satisfeita após ser relatada lingüisticamente por um documento que possa atestar a sua exigibilidade. Ensina o Mestre:

> A mensagem deôntica, emitida em linguagem prescritiva de condutas, não chega a tocar, diretamente, os comportamentos interpessoais, já que partimos da premissa de que não se transita livremente do mundo do "dever-ser" para o do "ser". Interpõe-se entre esses dois universos a vontade livre da pessoa do destinatário, influindo decisivamente na orientação de sua conduta perante a regra do direito.
>
> O que está ao alcance do legislador é aproximar os comandos normativos, cada vez mais, estimulando de maneira crescente as consciências, para determinar as vontades na direção do cumprimento das condutas estipuladas. E isto se faz com o processo de positivação das normas jurídicas, numa trajetória que vai da mais ampla generalidade e abstração, para atingir níveis de individualidade e concreção.
>
> Esse caminho, em que o direito parte de concepções abrangentes, mas distantes, para chegar às proximidades da região material das condutas intersubjetivas, ou, em terminologia própria, iniciando-se por normas jurídicas gerais e abstratas, para chegar a normas individuais e concretas, e que é conhecido por "processo de positivação", deve ser necessariamente percorrido, para que

---

(1) *Fundamentos jurídicos da incidência.* São Paulo: Saraiva, 1998.

o sistema alimente suas expectativas de regulação efetiva dos comportamentos sociais. E tudo se faz como um problema imediato de realização de normas e mediato de realização de valores, visto que estes é que funcionam como fundamentos daquelas, como agudamente nos alerta *Lourival Vilanova*.

As noções acima expostas estão condensadas nos ensinamentos de *Teori Albino Zavascki*[2] ao tratar da Tutela Jurisdicional Executiva:

> São funções do Estado na área jurídica as de criar a norma e assegurar a sua observância. Ultrapassado o processo de criação, a norma integra, em moldura abstrata, o ordenamento jurídico, estando apta a incidir, daí em diante, sobre os fatos ou atos a ela amoldados. Formam-se, por efeito dessa incidência, relações jurídicas, direitos subjetivos, deveres jurídicos, pretensões, obrigações. A norma jurídica abstrata, incidindo, concretiza-se, assumindo feição identificável no mundo da realidade. Nasce a norma jurídica individualizada.
>
> O fenômeno da incidência independe do conhecimento ou da vontade do destinatário da norma. O que se situa no plano volitivo é apenas a realização do ato sobre o qual ela incide. Mas, realizado o ato ou, se for o caso, ocorrido o fato, abstratamente descrito no preceito normativo (suporte fático), a incidência é infalível e se dá necessária e automaticamente. 'A incidência das regras jurídicas não falha', escreveu *Pontes de Miranda*[3]; 'o que falha', acrescentou, 'é o atendimento a ela'. Realmente, a norma jurídica concreta, a que dita a conduta a ser observada quando incide preceito normativo abstrato, é, em geral, atendida espontaneamente. Pode-se dizer que as crises de descumprimento são fenômenos de exceção no comportamento humano, de freqüência inversamente proporcional ao grau de civilização dos povos. Mas ocorrem. E ocorrem ou (a) porque se questiona o conteúdo da norma abstrata que incidiu, ou (b) porque se nega a existência ou a configuração do ato ou fato que é suporte da incidência, ou, ainda, (c) porque simplesmente não se quer ou não se pode dar realização à norma concretizada. Nas hipóteses (a) e (b) a crise está relacionada com a identificação da norma jurídica concreta; a hipótese (c) é típica crise de execução.

E prossegue o Mestre[4] ao esclarecer que:

> "Considerada em sua moldura clássica, a jurisdição enseja distinguir duas classes bem distintas de atividades: a de "formular a regra jurídica concreta" e a de "fazer atuar a regra jurídica concreta". Realmente, já

---

(2) *Título executivo e liquidação*. São Paulo: Rev. Tribunais, 1999. p. 15/17.
(3) *Tratado de direito privado*. 4. ed. São Paulo: RT, Tomo I, p. 12.
(4) *Idem-ibidem*, p. 19/20.

se disse que o descumprimento das normas jurídicas ocorre ou (a) porque se questiona o conteúdo da norma abstrata que incidiu, ou (b) porque se nega a existência ou a configuração do ato ou fato que é suporte da incidência, ou, ainda, (c) porque simplesmente não se quer ou não se pode dar realização à norma concretizada. Nas hipóteses (a) e (b) há uma crise relacionada com a identificação da norma jurídica concreta, que é debelada com uma decisão judicial identificando o conteúdo da norma que incidiu ou declarando que ela não incidiu; na hipótese (c) há uma crise de execução da norma individualizada e já identificada, crise que, para ser resolvida, exige do Estado providências no sentido de promover, por meios forçados, a execução que não ocorreu espontaneamente.

Compõe, portanto, a atividade jurisdicional aquela destinada a formular juízo a respeito da incidência ou não de norma abstrata, e que consiste, essencialmente, em: (a) coletar e examinar provas sobre o ato ou o fato em que possa ter havido incidência; (b) verificar, no ordenamento jurídico, a norma ajustável àquele suporte fático; e (c), finalmente, declarar as conseqüências jurídicas decorrentes da incidência ou, se for o caso, declarar que não ocorreu a incidência por falta do suporte fático, ou não ocorreu pelo modo ou na extensão ou com as conseqüências pretendidas, ou, ainda, que em relação ao fato ou ato não incidiu o preceito normativo alvitrado na demanda. A essa atividade, que se desenvolve com a colaboração dos interessados no conflito, em regime contraditório, e que tem como resultado uma sentença identificadora do conteúdo da norma jurídica concreta, denomina-se cognição.

Na mesma direção de entendimento os ensinamentos de *Antonio Carlos de Campos Pedroso*[5]:

"Toda a ordem jurídica é inspirada em princípios axiológicos. Esses princípios pertencem à ordem prática do agir humano. Para que os mesmos sejam realizados, torna-se imprescindível um corpo de disposições e procedimentos técnicos (a tipificação normativa). A melhor técnica de nada vale se não estiver a serviço da realização de valores de convivência decorrentes dos fins existenciais da pessoa humana.

A norma jurídica recebe a sua conotação de jurídica por sua relação com o dever de justiça. Ela deve referir-se sempre a uma conduta justa. O dever de justiça é inerente à estrutura material, real, da norma jurídica.

Feitas estas considerações, que resumem nosso entendimento a respeito da essência da norma jurídica, vamos retornar à análise dos imperativos autorizantes genéricos e individualizados.

---

(5) *Normas jurídicas individualizadas.* São Paulo: Saraiva, 1993. p. 47/48.

A distinção entre normas genéricas e individualizadas é de *Kelsen*. Demonstra o criador da Teoria Pura do Direito que não há razão para que se considerem como jurídicas somente as normas genéricas. Com base na distinção feita pro *Austin* entre 'leis' e 'mandatos particulares', aquelas obrigando genericamente a atos ou omissões de certa classe e estes a um ato ou omissão específicos, *Kelsen* adverte que em ambas as hipóteses há um mandato. Tanto na situação descrita na norma genérica quanto na descrita na norma individualizada existe a imposição de um comportamento.

Diz *Kelsen*, de forma incisiva: 'Não há dúvida de que o Direito não consiste somente em normas genéricas. Inclui também as individualizadas, isto é, as que decorrem da conduta de um só indivíduo numa situação específica e que, portanto, são válidas só para um caso particular e podem ser obedecidas e aplicadas uma só vez. Tais normas são direito porque constituem parte da ordem jurídica total, exatamente no mesmo sentido que aquelas normas genéricas que serviram de base para a criação das primeiras'. E acrescenta: 'a força obrigatória ou validez da lei encontra-se intrinsecamente referida não a seu possível caráter geral, mas unicamente a seu caráter de norma'.

A distinção de *Kelsen* tem por base o critério de extensão do âmbito pessoal de validez das normas. Genéricas ou abstratas são as que, segundo esse critério, impõem deveres ou concedem direitos subjetivos a todos os membros compreendidos em determinada classe referida na norma; individualizadas as que impõem deveres ou concedem direitos subjetivos a pessoas individualmente determinadas (ou de possível determinação).

Uma teoria completa da norma não pode abranger somente as normas elaboradas pelo Poder Público e decorrentes do processo legislativo, mas, também, aquelas normas procedentes da atuação jurisdicional e administrativa e da manifestação autônoma da vontade dos particulares.

É o que, no nosso entender, a teoria de *Kelsen* veio a explicar."

IV.1. ATO JURÍDICO E ATO ADMINISTRATIVO COMO NORMAS INDIVIDUALIZADAS

Como anotado anteriormente, *Marcos Bernardes de Mello*[6], propõe a seguinte conceituação de ato jurídico complementada pela análise dos seus elementos constitutivos:

> Denomina-se ato jurídico o ato jurídico cujo suporte fáctico tenha como cerne uma exteriorização consciente de vontade, dirigida a obter um resultado juridicamente protegido ou não-proibido e possível.

---

(6) Ob. cit., p. 147.

A partir desse conceito, temos que constituem elementos essenciais à caracterização do ato jurídico:

I. *um ato humano volitivo,* isto é, uma conduta que represente uma exteriorização de vontade, mediante simples manifestação ou declaração, conforme a espécie, que constitua uma conduta juridicamente relevante e, por isso, prevista como suporte fáctico de norma jurídica;

II. que haja *consciência* dessa exteriorização de vontade, quer dizer, que a pessoa que manifesta ou declara a vontade o faça com o *intuito de realizar aquela conduta* juridicamente relevante;

III. que esse ato se dirija à obtenção de um resultado protegido ou, pelo menos, não proibido (= permitido) pelo Direito e possível."

Embora pareça não haver grandes divergências doutrinárias em relação a esse conceito em sua generalidade, não existe unanimidade quando se trata de conceituar os seus elementos constitutivos. Por essa razão procuraremos estabelecer as precisões conceptuais que julgamos necessárias.

Análise dos elementos constitutivos

Exteriorização da vontade — Do ponto de vista do Direito, somente vontade que se exterioriza é considerada suficiente para compor suporte fáctico de ato jurídico. A necessidade de que o elemento volitivo da conduta seja conhecido das pessoas constitui imperativo de ordem prática, vivencial, que o Direito incorpora. A vontade que permanece interna, como acontece com a reserva mental, não serve à composição de suporte fáctico do ato jurídico, pois que de difícil, senão impossível, apuração.

Tudo o que acontece no mundo, ou seja, todos os fatos, dentre os quais se incluem os atos, se apresentam revestindo, sempre, uma certa *forma,* qualquer que seja. A simples circunstância de se tornar realidade concreta no mundo importa, necessariamente, ter uma forma. A vontade, também, ao exteriorizar-se toma forma, consubstanciando-se em simples manifestações — quando se revelam por meio de mero comportamento das pessoas, embora concludente, — ou em *declarações,* que se constituem em manifestações qualificadas de vontade. A distinção entre declaração e manifestação de vontade reside, assim, no modo como a vontade é exteriorizada. Se alguém lança ao lixo um par de sapatos, *manifesta* sua vontade de abandoná-lo (= derrelicção); se, diferentemente, diz às pessoas da casa que vai lançar os sapatos ao lixo, declarou a sua vontade de derrelinqüir (abandonar), não somente a manifestou.

Consciência da vontade — Quando se trata de exteriorização de vontade relevante para o Direito, é necessário considerar:

a) a vontade em si mesma, ou seja, o conteúdo da vontade declarada ou manifestada e

b) a vontade de declarar ou manifestar.

Com efeito, para compor suporte fáctico suficiente de ato jurídico a vontade há de ser *consciente,* em virtude do que aquele que a declara ou manifesta deve saber que a está declarando ou manifestando com o sentido próprio. Por essa razão é que um indivíduo que, comparecendo a um leilão, em localidade cujos usos desconhece, exprime, involuntariamente, gesto que significa lance (p. ex.: acena com a cabeça para cumprimentar uma pessoa conhecida que identificou na platéia), não está, efetivamente, comprando. A inexistência da vontade negocial, na sua manifestação, leva à inexistência do ato.

O quotidiano da vida demonstra que situações desse tipo são comuns, particularmente quando se trata de manifestações de vontade. Algumas vezes uma certa conduta que aparenta determinado sentido para as pessoas que dela tomam conhecimento, na verdade tem um significado real completamente diferente. Muitas vezes, aquilo que se exterioriza e se torna conhecido das pessoas nem sempre coincide com o que realmente acontece no espírito daquele que está a realizar a conduta. Uma pessoa que, por estar desmaiada, permanece imóvel em momento de deliberação cujo voto contrário deva ser expressado levantando o braço, não pode ter a sua imobilidade considerada como voto favorável, em razão de sua inconsciência.

A consciência da vontade exige, também, o conhecimento das circunstâncias que envolvem a manifestação ou declaração. O vizinho que assume por sua conta a administração de uma fazenda, cujo administrador tenha falecido, constitui-se em gestor de negócio e seus atos, sob pena de responsabilidade, precisam de aprovação do dono. Essa aprovação pode ser tácita, ou seja mediante manifestação do dono da qual se possa concluir a sua aceitação. Se, sem saber que o administrador falecera, o dono recebe e consome produtos tirados da fazenda que o gestor (— o vizinho) lhe haja enviado, sem comunicar-lhe o fato da gestão, essa manifestação de vontade, representada pelo recebimento e consumição dos produtos, sem protesto, não pode ser considerada como aprovação da gestão de negócio. O desconhecimento das circunstâncias conduz à inconsciência da vontade.

Resultado lícito e possível — Finalmente, tem-se como terceiro elemento essencial à configuração do ato jurídico que ele se dirija à obtenção de um resultado protegido ou, pelo menos, não-proibido pelo Direito e também possível, vale dizer: — é necessário que o ato jurídico tenha um objeto e que esse seja lícito e possível.

Todo ato jurídico, como instrumento de realização do direito, tem uma *atribuição específica,* de cunho prático que a ordem jurídica encampa e protege. Visa-se, na compra e venda, à promessa de transmissão do bem; na locação de coisas, à cessão de uso; no casamento, à constituição da família legítima, com todas as suas implicações físicas, econômicas e morais; na emissão de cheque, a uma ordem de pagamento ao banco depositário, por exemplo. Essa atribuição constitui o objeto do ato jurídico, e se caracteriza pela eficácia que as normas jurídicas lhe imputam.

Parece bastante evidente que não se pode considerar ato jurídico aquele ato do qual não decorra, ou ao menos possa decorrer, uma atribuição jurídica caracterizada pela possibilidade de modificação no conteúdo da esfera jurídica dos figurantes do ato jurídico; quer dizer: — o ato jurídico deve visar a uma alteração na situação jurídica dos interessados, por força dos efeitos que produz. O ato jurídico, no entanto, não é necessariamente eficaz, mas há de ter, ao menos, a possibilidade de sê-lo. O ato jurídico, enquanto dependente de condição suspensiva, não será eficaz e não produzirá a atribuição jurídica específica; se a condição jamais se concretizar, os seus efeitos próprios e finais (= sua atribuição jurídica) também jamais se realização. Entretanto, bastará a possibilidade de que alcance a sua eficácia jurídica própria para caracterizá-lo. Se, porém, não há essa possibilidade, o ato jurídico não existe como tal.

Ao estabelecer as diferenças fundamentais ente o ato jurídico, próprio do direito privado e o ato administrativo, cuja noção serviu para individualizar um tipo de ato estatal marcado por características contrapostas às dos atos civis (privados) e às dos atos típicos dos poderes Legislativo e Judiciário (lei e sentença, respectivamente), *Celso Antonio Bandeira de Mello*[7] assim estabelece suas características básicas:

> O ato administrativo é um tipo de ato jurídico. Reproduz suas características. É estudado como uma espécie própria, em virtude de apresentar traços particulares. Estes decorrem de sua submissão a princípios e regras — obviamente estabelecidas no sistema normativo — concernentes às condições de sua *produção, validade e eficácia* próprias.
>
> Tratando-se de um meio pelo qual se expressa juridicamente uma das funções estatais — a função administrativa — o ato chamado administrativo exprime as inflexões normativas que caracterizam esta função. Nele se estampam as *prerrogativas e sujeições* de direito estabelecidas para o exercício da função administrativa.
>
> Assim como no Direito Civil estuda-se o ato civil (habitualmente chamado apenas de ato jurídico, por razões ligadas à precedência histórica deste "ramo" do Direito), no Direito Administrativo estuda-se o ato administrativo.

---

(7) *Ato administrativo e direitos dos administrados*. São Paulo: Rev. Trib., 1981. p. 12.

Como a teorização jurídica começou a se desenvolver a partir de estudos de direito privado, fez-se teoria do ato em geral, com enfoque e sede nesta província do Direito. Em rigor, todavia, ato civil e ato administrativo é que são duas espécies de ato jurídico em geral.

O ato administrativo, pois, apresenta, como se disse, particularidades. É evidente que são particularidades em relação aos atos de direito privado e aos demais atos estatais. A seu turno, também se poderá dizer que o ato civil ou o ato jurídico de direito privado apresentam particularidades, em relação ao ato administrativo e a outros atos estatais.

Nenhum deles é gênero; gênero é o ato jurídico, pura e simplesmente."

IV.2. O OBJETO DO PROCESSO JUDICIAL. O RELACIONAMENTO DOS PLANOS MATERIAL E INSTRUMENTAL

Uma análise detalhada do objeto da ação movida pelo sujeito ativo do vínculo, bem como, do objeto das ações que estão à disposição do sujeito passivo, demonstra o relacionamento dos planos material e processual, eis que a relação jurídica instituída na fase de direito material em nível administrativo é o objeto da sentença que certifica a certeza da existência ou não do direito do autor em nível judicial.

Contudo, mister se faz chamar a atenção para a lição de *Araken de Assis*, ao ensinar que, no objeto do processo está compreendido o litígio e demais questões que o juiz deve se pronunciar, sendo que, o objeto litigioso é composto pelo conflito de interesses qualificado pela pretensão do autor, ou seja, a lide.

Complementando o seu raciocínio, distingue aquele prestigioso Autor[8] o objeto da *cognitio* do objeto da *iudicium,* já que o primeiro diz respeito a toda atividade intelectiva do órgão jurisdicional, enquanto que na segunda o seu objeto é, tão somente, a matéria do julgamento de mérito. Em outras palavras: diz o Autor que o objeto da cognição do juiz, que envolve o próprio processo, adquire uma dimensão maior que o objeto litigioso ou *thema decidendum,* ou mérito, em princípio definido irreversivelmente, como a ação material *ex vi* do art. 301 § 2º do CPC.

Ao discorrer sobre a dupla dimensão do objeto do processo e os reflexos na separação dos planos material e processual, assinala o Autor que:

"uma das lições extraídas do breve sumário da teoria alemã sobre o objeto litigioso, superada, no Direito brasileiro, por uma clara definição legal — art. 301, § 2º, do CPC — deriva da introdução, cautelosa e oportuna, da

---

(8) *Cumulação de ações.* 1. ed. São Paulo: Rev. Trib. p. 99.

idéia de afirmação de um direito ou conseqüência jurídica (*Rechtsbehauptung*), para evitar, ainda que referido dito objeto do processo ao Direito material, os inconvenientes de se adjudicar ao autor, já no ajuizamento da demanda, um direito material. Decorre desta constatação a diferença entre o objeto do processo e objeto da sentença. Nesta última, com efeito, à vista do juízo de valor quanto àquele — nota reclamada por *Galeno Lacerda* na definição de mérito — se adquire certeza acerca da existência, ou não, do direito material. É a sentença de precedência, enfim, que possui a relevante função de certificar o direito material do autor. Em tal proposição, assim, resta incólume a álea inerente ao processo e se preserva o lugar e a independência do direito de acesso à justiça, inconfundível, por certo, com objeto da relação processual."

A lição do eminente processualista fundamenta o nosso entendimento no sentido de que os elementos do pedido a ser endereçado ao Juiz da causa podem ser bipartidos em: elemento substancial e elemento circunstancial da causa de pedir.

Nessa linha de raciocínio, tendo o elemento substancial como objeto a sentença, podemos afirmar que o mesmo identifica situação diretamente ligada ao fulcro da controvérsia e que está intimamente ligada à constituição da relação jurídica de direito material.

Contudo, o elemento circunstancial da causa de pedir tem como objeto o próprio processo e diz respeito a situações que envolvem o fato contestado na ação e que possibilita o alargamento do campo de atuação da controvérsia, pela inclusão de fatos e circunstâncias que não estão diretamente ligadas como *thema decidendum*.

Se nos afigura, pois, que, a observação de maior valia a respeito do tema diz respeito ao direcionamento da causa de pedir que o sujeito da relação de direito material deve ter como fundamento da petição apresentada ao Juiz que dirige o processo.

É que, em todas as ações de iniciativa do sujeito ativo ou do sujeito passivo, devem os mesmos ter como elemento substancial a relação jurídica de direito material que abriga a pretensão do autor da lide.

Simples observação da matéria *sub examine* indica que o elemento circunstancial tão somente acrescenta fato que se relaciona indiretamente com a relação de direito material, como é o caso, por exemplo, de deliberação de cunho subjetivo do agente público que exige certo dever instrumental que não tem qualquer correlação lógica com o vínculo que está em discussão.

Levando-se, pois, em consideração que a causa de pedir, segundo preleciona *Araken de Assis* é o "motivo pelo qual o autor almeja um valor jurídico frente ao adversário" e que a causa petendi *remota* são os fatos jurídicos e a causa petendi *proxima*⁽⁹⁾, os fundamentos jurídicos que consubstanciam em seus efeitos a expressão "subsunção do conceito do fato ao conceito da norma", se nos afigura patente que o litígio se circunscreve à discussão dos elementos que compõem a relação jurídica de direito material.

Em outras palavras: a relação jurídica processual supõe, inexoravelmente, o litígio em torno da relação jurídica de direito material, o que significa, em termos práticos, que qualquer discussão objetivando a pretensão do autor, expressa na relação instrumental, deverá ser dirigida no sentido da obtenção de dados que impliquem em neutralizar a eficácia do vínculo, de modo a demonstrar que a dinâmica fenomenológica da norma jurídica tributária, face a alguma impropriedade de natureza substancial, impede sejam os seus efeitos produzidos, o que neutraliza a eficácia da norma secundária (perinorma) colocada em ação.

Por via de conseqüência, importa saber que os fatos que indiretamente contribuem para que a controvérsia seja, ainda que por via indireta, inicialmente desfocada da sua razão de existir, são meros coadjuvantes da razão de decidir, eis que o que importa é o pronunciamento do Poder Judiciário, consubstanciado na sentença sobre a viabilidade de admissão da pretensão do autor que tem supedâneo expresso na relação de direito material.

A título de expor com clareza as palavras deste Autor, colocadas no parágrafo anterior, vamos formular as seguintes hipóteses: — o suposto sujeito passivo da relação de direito material objetiva pronunciamento do Poder Judiciário interpondo Mandado de Segurança contra autoridade que se nega a liberar mercadoria importada sob a alegação de que o importador deixou de exibir o eventual documento que comprova a exoneração de outro imposto.

Nesse caso, é evidente que a Autoridade tida como coatora face à atitude tomada no sentido de liberar a mercadoria não somente é parte no processo por ter exigido um dever instrumental (exibir documento de exoneração), mas, especialmente porque com esse ato de caráter subjetivo, impede que a relação jurídica de direito material desenvolva o seu normal mecanismo de atuação.

Conseqüentemente, no Mandado de Segurança interposto, o autor alega como causa petendi *remota* os fatos jurídicos que deram fulcro ao pedido e como causa petendi *proxima* os fundamentos jurídicos que alicerçam a subsunção do conceito do fato ao conceito da norma, o que significa dizer que o litígio fica circunscrito à discussão em torno da relação jurídica de direito material que outorga à Impetrante o direito subjetivo de exigir da parte contrária o dever jurídico consubstanciado no objeto do vínculo.

Por consequência, o mesmo deve ocorrer com as ações de iniciativa do contribuinte, o que importa em dizer, repita-se, que, fatos outros que não estão

---

(9) Ob. cit., p. 127.

incluídos no mecanismo de atuação da norma de direito material são tratados de forma suplementar da razão de decidir, alargando o campo do objeto litigioso, pelo aumento da atividade intelectiva do Juiz, ma que, finalmente, se reduz à sentença que julga o mérito, tendo por objeto a certeza da existência ou não do direito material.

A dinâmica da norma sancionadora (norma secundária) em nível judicial

Esclarecedora, em todos os sentidos, a memorável lição de *Lourival Vilanova*[10] ao descrever o mecanismo de atuação da sanção pelo descumprimento do dever atribuído ao sujeito passivo da relação jurídica de direito material.

Ensina o Mestre que tem a norma jurídica composição dual: norma primária e norma secundária, sendo que, na primeira está localizada a hipótese fática (dado um fato sobre o qual ela incide, sobrevém a relação jurídica, com os necessários sujeitos, com a pretensão e deveres reciprocamente implicados), enquanto que na segunda a hipótese fática é o descumprimento do dever atribuído ao sujeito passivo. Assim, prossegue, o descumprimento dá origem a um fato cujo efeito (por isso o não-cumprimento é fato jurídico) produz uma outra relação jurídica que autoriza o sujeito ativo a exigir coativamente a prestação, objeto do dever jurídico, face a uma pretensão de direito material.

Neste momento, preferimos a transcrição literal da lição do eminente Professor, a fim de que o leitor conheça sem nenhuma lacuna o seu pensamento:

> Somente na norma secundária, que se diz norma sancionadora, o descumprimento é o pressuposto antijurídico que conduz à relação processual. Em esquema simbólico, temos: se se dá o fato F, deve ser a relação R' de A em face de B — onde B obriga-se à prestação P e, correlativamente, A adquire o direito subjetivo de exigir essa prestação; se se dá (ocorre) o descumprimento da obrigação por parte de B — pressuposto antijurídico — então deve ser a relação R" de A em face de C. Vê-se que as duas relações, R' e R", são efeitos normativos de pressupostos facticos. E que sobrevém outra relação entre R" e R".
>
> Mas retomando a sanção, como sanção coercitiva, munida da coação, esta reside na norma secundária, ou norma sancionadora. Mas, a coação não é auto-aplicável.
>
> Para não incorrer na antijuridicidade do exercício da coação sobre o sujeito passivo inadimplente, o sujeito ativo da relação R' abre via da relação jurídica R", que não é bimembre, entre A e B. É relação trinária, como

---

(10) *Causalidade e relação no direito.* 2. ed. São Paulo: Saraiva, 1989. p. 126/127.

se denomina na teoria geral das relações: é entre A, B e C, *i. é.*, entre autor, réu e juiz. Em rigor, não é uma relação linear, em série, por assim dizer horizontal. A relação processual — simbolicamente estabelecida na norma secundária — consta de duas relações, como é tese dominante na processualística moderna: é a relação entre A e C e a relação entre B e C; relação entre o sujeito processual ativo e o órgão jurisdicional; relação entre o sujeito processual passivo e o mesmo órgão jurisdicional".....

Em nosso "Relação Jurídica Tributária em Nível Lógico"[11], tivemos a oportunidade de colocar a questão nos seguintes termos:

> Não ocorrida a observância espontânea do preceito contido na endonorma (norma primária), um dos sujeitos da relação aciona o mecanismo normativo, colocando a dinâmica da perinorma (norma secundária) em evolução, pelo conectivo "dever-ser" modalizado (O, P, Ph) que interliga o conseqüente da endonorma (norma primária) à hipótese da perinorma (norma secundária), dando origem à relação jurídica modalizada e, portanto, facultando as seguintes conclusões: 1) Neste caso estamos nos referindo à relação jurídica em sentido estrito; 2) essa relação jurídica passou ao nível da eficácia, ativada pela vontade; 3) o caráter do operador relacional está no plano semântico por se tratar de uma relação entre o sistema deôntico e a realidade.

Daí a nossa conclusão[12] no sentido de que a dinâmica fenomenológica da norma jurídica obedece à seguinte ordem cronológica: a) Quando tratamos da "fenomenologia da norma jurídica", admitimos que a relação jurídica nasce por força do conectivo "dever-ser" que liga a Hipótese à Conseqüência de uma das partes da norma, a qual denominamos "endonorma" (norma primária). Esse conectivo, de sentido eminentemente sintático, configura o *debitum (shuld)*, elemento não coativo, que nasce em virtude da ocorrência pura e simples de um fato jurídico; b) Dizemos que o conectivo contido na endonorma (norma primária) tem relação de sentido sintático, porque, segundo o nosso entendimento, enquanto simples relação jurídica e sem adentrar ao campo de incidência da perinorma (norma secundária), significa apenas relação entre proposições, no caso, proposições gerais e proposições individuais; c) Em um momento seguinte, caso não se realize a prestação pelo descumprimento do dever-jurídico, aciona-se o mecanismo previsto na perinorma (norma secundária), em que o conectivo "dever-ser" que liga, pela implicação, o conseqüente da endonorma

---

(11) Ob. cit., p. 71.
(12) Ob. cit., p. 83.

(norma primária) à hipótese da referida perinorma (norma secundária), configurando a relação jurídica modalizada (O, P. Ph). Surge, então, a *obligatio (hafgung)*, ou seja, a responsabilidade ou elemento coativo nascido por força do preceito contido na endonorma (norma primária); d) Nesse caso o conectivo que dá origem à relação jurídica contida no conseqüente da perinorma (norma secundária), tem sentido semântico, porque o seu objeto de referência é a conduta relacionada à realidade existente naquele momento.

Portanto, para que o sujeito ativo da relação jurídica tributária de direito material possa levar a sua pretensão ao nível judicial, um longo percurso será trilhado, eis que, após a incidência da norma jurídica tributária, coma instituição do nexo relacional e conseqüente descumprimento pelo sujeito passivo, deve o crédito tributário ser constituído por meio de processo competente, quando, então, com a emissão da certidão da dívida ativa, estará capacitado, por previsão contida na norma secundária, a requerer a satisfação do débito tributário, mediante providência a ser pedida ao Poder Judiciário.

Daí o entendimento no sentido de que a norma sancionadora (secundária) possibilita ao credor da obrigação de direito material o devido processo judicial, objetivando a satisfação da sua pretensão. Contudo, necessário se torna salientar que, muitas vezes o sujeito ativo do vínculo não consegue atingir o seu *desideratum,* caso em que o processo extingue-se "anormalmente", fato esse colocado por *Marcelo Lima Guerra*[13]. Como explica *Dinamarco*:

> "Para considerar o que é extinção normal e o que é anormal em cada espécie do processo, basta pôr as vistas no objetivo de cada um e concluir que anormalmente qualquer deles se extingue quando não chega a atingir dito objetivo. Dessa forma, sendo o seu "escopo institucional" a satisfação do direito consagrado em título executivo, tem-se a extinção normal do processo de execução quando tal satisfação é proporcionada e a extinção é anormal sempre que tal resultado não for alcançado por qualquer razão.
>
> A extinção normal do processo de execução está indicada no inc. I do art. 794 do CPC, enquanto que os demais incisos do mesmo dispositivo legal referem-se a hipóteses de extinção anormal.

Na mesma ordem de idéias, observa-se que, como anota *Dinamarco*, "A inexistência do direito subjetivo material alegado à base da pretensão executiva pode também ser atestada mediante outros meios diferentes da sentença que acolhe embargos do executado, a saber:

a) o julgamento que, em grau de recurso sem efeito suspensivo, cassa a sentença provisoriamente executada;

---

(13) *Execução forçada.* São Paulo: Rev. Trib., 1995. p. 49.

b) a rescisão da sentença civil condenatória trazida como título para a execução (art. 494);

c) a revisão criminal, em análoga situação atingindo a sentença penal condenatória que é título para a execução civil (CPC, arts. 626, 628).

Todas essas hipóteses, como é evidente, ensejam também a extinção do processo de execução.

Finalmente, o processo de execução também pode se extinguir em virtude das causas elencadas no art. 267 do CPC, bem, como em caso de prescrição intercorrente.

A lição aqui transcrita torna-se mais evidente, na medida em que se nota que no processo em nível administrativo, concomitante com o processo judicial, também a inexistência do direito subjetivo material pode ser atestada pelas mesmas circunstâncias, fato esse que demonstra, inequivocamente, o íntimo relacionamento dos planos material e instrumental. Se não vejamos: as letras *a, b, c*, consubstanciadas em decisões judiciais com efeito de coisa julgada material, evidentemente causarão a extinção da relação instrumental administrativa, face ao expresso reconhecimento da inexistência do vínculo jurídico que une o sujeito ativo ao sujeito passivo.

Relativamente às causas previstas no art. 267 do CPC e à prescrição intercorrente, as primeiras são condições de admissibilidade comuns aos planos material e Instrumental, eis que, como sabiamente anota *Fábio Gomes*[14]:

"As condições da ação na realidade integram a relação de direito material posta à apreciação do órgão jurisdicional, e que só por mera inapropriada ficção (raciocínio hipotético) poderiam ser consideradas também pertinentes à relação jurídica processual."

Assim, como se depreende da lição de *Lourival Vilanova*[15], tanto em nível administrativo quanto em nível judicial, quando se inadmite a demanda, porque o proponente não dispõe da pretensão de direito material, existe processo válido. É que, conforme sustenta o Mestre, mesmo que não se adentre à questão de fundo, "no mérito, relação jurídico-processual se deu. O ato jurisdicional (e acrescentamos o administrativo) pode refluir sobre os atos processuais, como se o processo retrofletisse sobre parte de si mesmo. Ocorre uma relação jurídica sobre outra relação jurídica, como objeto".

---

(14) *Carência de ação*. São Paulo: Rev. Trib., 1999. p. 60.
(15) Ob. cit., p. 134.

V
INSTÂNCIAS ADMINISTRATIVA E JUDICIAL

Conforme colocamos em artigo publicado na *Revista de Direito Tributário* n. 53 — p. 207/208 — tratando de matéria tributária, mas que, evidentemente, também se aplica à tese que ora defendemos, relativamente ao desenvolvimento da fase de direito material para a fase de direito instrumental que retrata a pretensão do sujeito ativo da obrigação: "o princípio do contraditório, agora expressamente adotado pelo atual Texto Maior no inc. LV do art. 5º em que se lê que "aos litigantes, em processo judicial ou administrativo e aos acusados em geral são assegurados o contraditório e ampla defesa, com os meios e recursos a ela inerentes", deverá, inexoravelmente, assegurar às partes o direito de discutir a questão nos dois níveis que compõem a relação processual: o administrativo e o judicial. Assim, procuraremos demonstrar que se negar ao contribuinte o pronunciamento do órgão de justiça administrativa, ou mesmo, sobrestar o seu curso até que o Poder Judiciário se manifeste, importa em subtrair-lhe um direito que somente com a sua renúncia expressa seria tolerável.

Em outras palavras: seria suprimir uma instância de conhecimento, de competência do Poder Executivo que, dada a tripartição dos poderes ocupa idêntico nível hierárquico relativamente ao Poder Judiciário.

Ao argumento de que, em obediência ao disposto no parágrafo único do art. 38 da Lei n. 6.830/80, o ingresso em juízo importa em renúncia do recurso administrativo, lembramos que a mesma disciplina o processo de execução fiscal, quando o título extrajudicial já se encontra formalizado e a pretensão fiscal já atingiu o estágio do Direito Formal, composto pela coação e a sua conseqüente sujeição, que são fases processuais próprias do Poder Judiciário. Contudo, na fase administrativa, o que se discute é a constituição do título que deverá embasar a execução, ou seja, a controvérsia se limita ao campo do Direito Material, que diz respeito à formação da relação jurídica, aí compreendendo o conceito a configuração do vínculo.

Portanto, o entendimento de que a Lei n. 6.830/80 possa disciplinar a matéria nos parece enganoso e despido de qualquer base legal.

Outrossim, necessário se torna deixar claro que a justiça administrativa ao se pronunciar emite, em suas decisões, atos administrativos, próprios da função do Poder Executivo, sendo que a função administrativa, na lição de

Celso Antônio Bandeira de Mello[1], "se qualifica como atividade do próprio Estado, por ele mesmo desenvolvida, tendo em vista a gestão de interesses públicos, assim definidos através de outra de suas manifestações, e que se lhe apresentam como indisponíveis ao nível de sua manifestação administrativa, isto é, daquela que o Estado explicita através do conjunto de órgãos, convencionalmente, chamados da Administração".

Conseqüentemente, o Poder Judiciário, do mesmo modo que não pode apreciar a conveniência e a oportunidade do ato administrativo, também não pode sobrestar ou impedir que o Poder Executivo discuta, em forma de contraditório, a formação do título que tornará possível elevar a pretensão do Estado de receber o que julga lhe seja devido.

Repita-se: nenhum cabimento existe em se falar em "hierarquia" das funções dos Poderes previstos na Carta Magna. Ao Executivo cumpre aplicar a lei; ao Legislativo cabe editar o Direito Positivo; e ao Judiciário aplicar contenciosamente a lei. Não existe, pois, a referida "hierarquia" de funções, já que o ato estatal, espécie de ato jurídico, no sentido genérico assim se manifesta: na área do Executivo, pelo ato administrativo; no campo do Legislativo, pela Lei; e na esfera do Judiciário, pela sentença.

Por conseguinte, entendo que, enquanto não houver coisa julgada material referentemente à aplicação contenciosa da lei, nada impede que o Poder Executivo, por meio do seu órgão julgador emita um ato administrativo, meio pelo qual expressa, juridicamente, uma das funções do Estado, buscando formalizar a pretensão de exigir de maneira coativa o crédito.

É que a coisa julgada material torna imutável a questão discutida, porque a sentença que é um ato de expressão da função do Poder Judiciário, fica, na lição de *Rogério Lauria Tucci*[2], com os seus principais efeitos — declaratórios, constitutivos ou condenatórios — e alguns dos ditos secundários, apesar de imediatamente produzidos, "potencializados", não se efetivando de plano, até que tenha lugar a formação da coisa julgada.

Acrescenta, ainda, o ilustre Professor que, por isso a coisa julgada material "é resultado da produção de um fenômeno de outra ordem, estranho ao da decisão de mérito — de que, justamente por ser autônomo, independe — e consistente na imutabilidade da sentença como ato processual (coisa julgada formal) e, concomitante e gradualmente, na invariabilidade, também do seu conteúdo (coisa julgada material).

Resumindo: no processo administrativo discute-se a formação do título que torna visualizável a pretensão do sujeito ativo, documento esse que irá se constituir no objeto material do processo judicial a ser instaurado para que a fase da coação e sujeição possa ser exercitada.

---

(1) *Elementos de direito administrativo*. São Paulo: Ed. RT, 1981. p. 19.
(2) *Do julgamento conforme o estado do processo*. São Paulo: Saraiva, 1988. p. 85.

Também formaliza o processo administrativo ao permitir a instrumentalização do título extrajudicial consubstanciado no objeto formal do processo judicial, sem o que o órgão judicial deve recusar a possibilidade de manifestar-se sobre a pretensão deduzida. De se notar, então, que esse objeto formal, indispensável para o julgamento do mérito da causa, torna possível o "juízo de admissibilidade", no qual se examinam os pressupostos processuais e as condições da ação visando à efetiva coação e a posterior sujeição do sujeito passivo da relação jurídica. Por via de conseqüência, o ato administrativo que possibilita a formação do título, que representa a pretensão da parte, tem origem no processo que se desenvolve em nível do próprio Executivo e estabelece um dos pressupostos processuais para o ingresso em juízo, ou seja, que as partes possam se apresentar como sujeitos de direito.

Finalmente, estabelece, ainda, as condições da ação ao identificar a possibilidade jurídica do pedido, a legitimação *ad causam* e, especialmente, o interesse de agir, ao tornar necessária e factível a atuação do sujeito ativo junto ao órgão jurisdicional, objetivando o bem jurídico da sua pretensão.

Por tudo quanto até agora foi dito, é fora de dúvida que o princípio do contraditório, sendo indisponível, torna inviável a determinação de que o processo administrativo pode ser sobrestado, no suposto de que a melhor solução será a de se aguardar o pronunciamento do Judiciário que, como vimos, só será eficaz na medida em que se transformar em coisa julgada material. É que o contribuinte não pode ficar alheio ao modo pelo qual materialmente se constitui o já mencionado título ou objeto formal que irá fundamentar a fase judicial da coação e posterior sujeição, etapa em que, não cumprido o dever jurídico, será o sujeito passivo despojado de bens suficientes para a sua liquidação.

Para maior clareza e compreensão da matéria afigura-se-me importante a perfeita compreensão do conceito de direito material, figura nuclear no entendimento do mecanismo que rege as relações dos processos administrativo e judicial e que irá compor o cerne do pedido na execução porque constituído pelo Poder Executivo, cuja *pretensão,* nascida do direito subjetivo em nível administrativo, dará início às providências de ordem estrutural necessárias para o acionamento do Poder Judiciário.

Nessa linha de raciocínio, enfatizei em meu livro[3]:

> Observa, ainda, com muita argúcia, *Araken de Assis*[4] que 'a demonstração de que as partes se relacionam também no plano processual, radicalmente diferente do substantivo, está por se fazer. Os exemplos geralmente lembrados são frágeis e inconvincentes: a obrigação de restituir as despesas processuais (art. 20, *caput*, primeira parte, do CPC) e o dever

---

(3) *Relação jurídica tributária instrumental.* São Paulo: LTr, 2002. p. 40.
(4) *Cumulação de ações.* Ob. cit., p. 33.

recíproco de probidade processual (art. 14 do CPC). Embora seja lícito a cada parte esperar a observância de probidade pela outra, o dever se põe perante o Estado, porque só a ele interessa, contidas as artimanhas das partes, aplicar o direito, indiferente a injunções provocadas pela prática reprovável de algum dos atos catalogados no art. 14 do CPC. Do descumprimento desse dever, tal como sucede quanto à restituição das despesas processuais, resultam obrigações típicas do direito material, embora originárias do próprio processo.

Penso, contudo, que o relacionamento das partes, no plano processual, também tem como fator de agregação entre os sujeitos (partes) da relação elemento de natureza substantiva, qual seja, a pretensão que, como vimos, está sediada em nível de direito material, mas que, para a abertura da via processual ou instrumental, necessita ser tomada como elo entre os níveis material e formal.

É que as relações que disciplinam os comportamentos das partes no processo judicial se desenvolvem em função da pretensão exposta pelo Autor em seu pedido inicial, que, por sua vez, sofre a oposição do réu que necessita demonstrar ao Juiz a inviabilidade da exigência formulada no requerimento que instaura o liame de natureza triangular.

Daí a lição de *Rogério Lauria Tucci*[5], no sentido de que a pretensão é o objeto material do processo civil e consiste na "declaração de vontade impositiva, formulada em face de outrem, a fim de obter-se a satisfação de um interesse".

E assinala, com grande senso prático, aquele Autor que, por se integrar a pretensão na lide que espelha o contrataste de vontades entre os sujeitos da relação jurídica de direito material, ou seja, "do antagonismo das situações em que ambos, renitentemente, se posicionam, deve ser esta composta por obra de agente do Poder Judiciário, juiz ou tribunal, a quem está submetida a sua apreciação".

Para deixarmos claro, pois, que o relacionamento das partes, no plano processual, ou instrumental, tem origem na pretensão, que é elemento típico de direito material e que, por conseguinte, essa relação é uma mera continuidade da disputa de interesses nascida na fase antecedente, o que significa dizer, s.m.j., que a demonstração de que as partes se relacionam do mesmo modo, nos dois planos, prescinde de exemplos concretos para ser aferida.

As palavras de *Rogério Lauria Tucci*[6] dão uma exata dimensão da importância da pretensão, elemento de direito material, na constituição da relação processual:

---

(5) *Do julgamento conforme o estado do processo.* 3. ed. São Paulo: Saraiva, 1998.
(6) *Ibidem*, p. 3/4.

Apresenta-se a lide, com efeito, como tema central do processo civil, de sorte a, necessariamente, versar sobre ela a sentença definitiva, mediante a qual o órgão jurisdicional responde ao pedido do autor, em que a pretensão é deduzida; constrói-se o objeto litigioso pela afirmação do Direito (objeto da pretensão) e pelo fato da vida (fundamento da pretensão); sua determinação é um ato de disposição do autor, que se subsume no pedido, ao qual corresponde, em regra, uma sentença de mérito atinente à determinação da conseqüência jurídica alvitrada para o fato narrado na petição inicial.

Como explica *Shcwab*, a resolução judicial deve recair sobre a solicitação do autor, devidamente interpretada; e a isto aduzimos — numa delicada operação de aplicação do Direito objetivo ao litígio *sub examine*.

Assim, como a pretensão insatisfeita dá origem à lide, anota *José Frederico Marques*[7] que pretensão é ato jurídico que objetiva declaração de vontade, na qual um sujeito da relação formula contra o outro determinada exigência que tem supedâneo no direito subjetivo, que se contrapõe ao dever jurídico previsto na relação de direito material.

Por via de conseqüência, impossível se desprezar o fato de que a pretensão do sujeito ativo da obrigação tem origem no direito subjetivo do sujeito ativo da obrigação, o que significa dizer que, o direito material, que hospeda a relação jurídica, nasce, se desenvolve e se extingue em nível administrativo, razão suficiente para colocar essa instância como precursora da própria razão de existir da instância judicial, que atua instrumentalmente na concretização dos efeitos da norma.

Importante frisar, ainda, que, em instância judicial o Poder Judiciário tãosomente declara ou afasta a existência desse direito material, a quem compete dar nascimento à relação jurídica que tem a sua previsão inserida no conseqüente da norma primária (endonorma).

É dizer: em instância judicial, o que se busca é a realização da *pretensão* contida no direito subjetivo da relação jurídica de direito material, pretensão essa reflexo do fenômeno normativo ocorrido em instância administrativa, que objetiva a concretização de um direito supostamente devido pelo sujeito passivo da obrigação.

Reitero, pois, o meu pensamento no sentido de que, metodologicamente as discussões mantidas concomitantemente nos planos administrativo e judicial têm inteira procedência porque, no primeiro o sujeito passivo discute matéria inteiramente voltada para o direito material, enquanto que, no segundo o sujeito ativo objetiva pela via instrumental a aplicação concreta daquele direito

---

(7) *Manual de direito processual civil*. São Paulo: Saraiva, 1978. p. 134.

(somente o Poder Judiciário está legitimado para excutir bens do sujeito passivo da obrigação, face à inexistência do contencioso administrativo em nosso País).

Em suma: quando o contribuinte exemplificativamente aciona o Poder Judiciário para discutir a existência ou inexistência do direito material, como por exemplo: em Mandado de Segurança, em ação declaratória ou de nulidade do lançamento, objetiva neutralizar a pretensão do sujeito ativo da obrigação e objetiva impedir os efeitos concretos a que estaria sujeito por força de eventual descompasso com a norma que assegura o direito subjetivo do autor da ação.

Esse mecanismo que descreve a própria fenomenologia do direito, está excelentemente descrito por *Teori Albino Zavascki*[8]: "Para que se compreenda a importância que tem, na fenomenologia do direito, o princípio consagrado no artigo 583 *(a nulla executio sine titulo)*, é indispensável que se considere a dinâmica da concretização do ordenamento jurídico. O fenômeno da atuação das normas no plano social comporta três momentos bem distintos: primeiro, o da formulação abstrata dos preceitos normativos; segundo, o da definição da norma para o caso concreto; e terceiro, o da execução da norma individualizada. A formulação abstrata dos preceitos normativos, ou seja, a criação das normas (momento 1) é atividade pública monopolizada pelo Estado-legislador. Já a definição da norma concreta, é dizer, a identificação da norma individualizada que se formou, concretamente, pela incidência da norma abstrata (momento 2), bem como a sua execução, ou seja, a sua transformação efetiva em fatos ou comportamentos (momento 3), são atividades que não demandam, necessariamente, o concurso ou a intervenção estatal.

As atividades dos momentos 2 e 3 desenvolvem-se, em geral, de modo espontâneo, voluntário, e sem formalidades, a ponto tal que, como observou *Latorre*, na maioria das vezes sequer há consciência de que se trata de uma atividade jurídica: "Entrar num autocarro, comprar bilhetes para uma sessão de cinema, comprar jornal, são atos que têm uma transcendência jurídica, embora quase nunca reparemos nisso: podemos exigir que o autocarro nos transporte a um local determinado ou que nos seja permitido entrar no cinema para ver o espetáculo; adquirimos a propriedade do jornal, perdemos a do dinheiro que pagamos". Nessas condutas do dia-a-dia, espontâneas e informais, há incidência de normas abstratas em suportes fáticos, nascem normas jurídicas concretas, os seus destinatários identificam o seu conteúdo e os elementos das relações jurídicas que a partir delas são estabelecidas (sujeitos ativos, sujeitos passivos, prestações) e, finalmente, há cumprimento dos seus enunciados, mediante condutas e comportamentos com eles compatíveis.

Em certos casos, o momento 2, embora ocorra voluntariamente (isto é, sem intervenção estatal), se dá de modo formal. É assim, por exemplo, quando

---

(8) Ob. cit., p. 255.

se ajusta contrato em forma escrita, na presença de testemunhas ou perante um tabelião, ou quando se emite um título de crédito. O que se faz, nessas situações, é formalizar documentalmente o conteúdo de determinada norma jurídica concreta, identificando os elementos da relação de direito exsurgente, o sujeito ativo, o sujeito passivo e a prestação, com o seu objeto, seu prazo e suas condições. Quando a formalização documental tiver natureza constitutiva da obrigação — que é o que geralmente ocorre nos casos acima enfocados —, haverá contemporaneidade entre *incidência* da norma abstrata e *identificação* da norma concreta que daí nasce. Casos há em que a lei autoriza a identificação da norma concreta mediante procedimento administrativo. É o que se dá, por exemplo, nos procedimentos fiscais de lançamento de tributo e sua inscrição em dívida ativa. E há casos em que os interessados estão autorizados a delegar a terceiro, também particular, o encargo de identificar os contornos da norma individualizada. É o que ocorre quando determinada controvérsia é submetida a juízo arbitral.

Também nessas hipóteses o momento 3 é, em regra, espontâneo: os destinatários da norma concretizada (formalizada no contrato ou no título de crédito, ou na certidão de dívida ativa ou na sentença arbitral) dão-lhe o devido cumprimento, adotando a conduta adequada à satisfação da prestação devida.

No entanto, a identificação da norma concreta ou a sua execução, *quando não desenvolvidas voluntariamente,* demandam concurso estatal, o que se dá pela atuação do Estado-juiz, mediante exercício da sua função jurisdicional. Tomemos um exemplo. O choque entre dois automóveis, com danos recíprocos, é suporte fático para a incidência da norma de responsabilidade pelos danos (CC, art. 186; CC/16, art. 159): ocorrido o fato, a incidência do preceito normativo abstrato é automática, de modo que, independentemente da vontade dos envolvidos, surge norma jurídica concreta, estabelecendo relação obrigacional de reparação dos prejuízos. A identificação de tal norma supõe imputação da culpa, com conseqüente posicionamento dos envolvidos nos pólos ativo e passivo da relação obrigacional, e apuração dos danos e do seu montante, que é a prestação devida. Nem sempre haverá entre os interessados consenso a respeito de todos esses pontos. Nem sempre haverá, portanto, espontaneidade de identificação da norma individualizada. Estabelecendo-se controvérsia a respeito de qualquer dos aspectos assinalados, estará instalada *crise de identificação* da norma, a demandar, para a sua solução, intervenção estatal. Mediante atividade cognitiva, o Poder Judiciário definirá, por sentença, o conteúdo da norma concretizada, indicando os elementos da relação jurídica dela decorrente, seus sujeitos e sua prestação.

Definida a norma concreta, a atividade jurisdicional poderá ser mais uma vez convocada se o seu cumprimento sofrer percalço, seja pela inércia do obrigado, seja por sua resistência, seja pelo atendimento insatisfatório da prestação. Nasce, aí, a pretensão à execução forçada.

O certo é que, para alcançar o momento 3, o da execução pressupõe superado o momento 2: executa-se a norma concreta já definida em seus contornos. Isso vale tanto para a execução espontânea quanto para a forçada. Há, porém, um importante pressuposto a distinguir uma da outra. Aquela, a execução espontânea, pode ocorrer independentemente de qualquer formalidade no processo de identificação da norma; mas esta, a execução forçada, pressupõe que a norma concreta esteja *formalmente identificada,* de modo que o seu conteúdo possa ser demonstrado ao juiz da execução com razoável grau de certeza. É o legislador que estabelece as características formais que deve assumir a norma individualizada para ensejar a outorga da tutela jurisdicional executiva. Surge, assim, o título executivo, que pode ser judicial, quando a identificação da norma concretizada tiver participação do Estado-juiz, ou extrajudicial, nos demais casos."

Representação gráfica de entrada do ato jurídico no mundo do Direito:

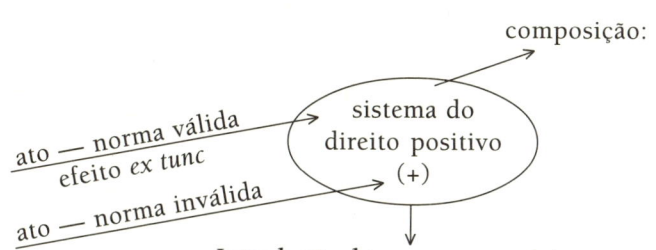

composição: normas gerais e abstratas
normas individuais e concretas

ato — norma válida
efeito ex tunc
ato — norma inválida

sistema do direito positivo (+)

Introdução das normas no sistema:

normas gerais e abstratas:
- via Poder Legislativo: no processo de produção normativa
- via Poder Executivo: em caso de relevância e urgência *(ex.: MP)*
- via Poder Judiciário: legislação *interna-corporis*

normas individuais e concretas:
- via Poder Executivo: atos administrativos próprios da sua função *(ex.: lançamento, auto de infração)*
- via Poder Legislativo: atos administrativos próprios da sua função
- via Poder Judiciário: sentenças, acórdãos e atos administrativos próprios da sua função
- via Particular: atos jurídicos que expressam a vontade individual: *ex.: oferecimento de esclarecimento ao Fisco, emissão de DARFs, Guias de informação e demais declarações solicitadas pela Administração*

No mesmo sentido a lição de *Hely Lopes Meirelles*[9]:

> "Quanto à eficácia, o ato administrativo pode ser *válido, nulo* e *inexistente.*

---

(9) *Direito administrativo brasileiro.* 6. ed. São Paulo: Rev. Tribunais, 1978. p. 143.

Ato válido é o que provém de autoridade competente para praticá-lo e contém todos os requisitos necessários à sua eficácia. O ato válido pode, porém, ainda não ser exeqüível por pendente de condição suspensiva ou termo não verificado.

Ato nulo é o que nasce afetado de vício insanável por ausência ou defeito substancial em seus elementos constitutivos, ou no procedimento formativo. A nulidade pode ser *explícita* ou *virtual*. É *explícita* quando a lei comina expressamente, indicando os vícios que lhe dão origem; é *virtual* quando a invalidade decorre da infringência de princípios específicos do direito público, reconhecidos por interpretação das normas concernentes ao ato. Em qualquer destes casos, porém, o ato é ilegítimo ou ilegal e não produz qualquer efeito válido, pela evidente razão de que não se pode adquirir direitos contra a lei. A nulidade, todavia, deve ser reconhecida e proclamada pela Administração ou pelo Judiciário (Cap. XI, itens II e IV), não sendo permitido ao particular negar exeqüibilidade ao ato administrativo, ainda que nulo, enquanto não for regularmente declarada a sua invalidade, mas essa declaração opera *ex tunc,* isto é, retroage às suas origens e alcança todos os seus efeitos passados, presentes e futuros em relação às partes, só se admitindo exceção para com os terceiros de boa-fé, sujeitos às suas conseqüências reflexas."

Conseqüentemente, se a resposta à colocação da questão formulada atende aos pressupostos e elementos da Teoria dos Atos Administrativos, *mutatis mutandis* os seus efeitos alcançam todos os atos praticados pelo contribuinte com efeitos até o posicionamento em contrário do STF, o que significa afirmar que eventual pretensão do Fisco relativamente aos fatos que deram causa ao pronunciamento da Administração não podem abranger o período em que o comportamento adotado obedeceu a orientação adotada pelo órgão responsável pela consulta.

A referida conclusão também tem suporte nos *atributos* específicos do ato administrativo, dentre os quais se salienta o da presunção de legitimidade (os demais, segundo a melhor doutrina são: a imperatividade, a exigibilidade e a executoriedade), que não se aplica em matéria essencialmente tributária, eis que, somente o Poder Judiciário pode excutir bens do Contribuinte.

Nesse contexto os ensinamentos de *Hely Lopes Meirelles*[10]:

"A presunção de legitimidade autoriza a imediata execução ou operatividade dos atos administrativos, mesmo que argüidos de vícios ou defeitos que os levem à invalidade. Enquanto, porém, não sobrevier o pronunciamento de nulidade os atos administrativos são tidos por válidos e operantes, quer para a Administração, quer para os particulares sujeitos ou beneficiários de seus efeitos."

---

(10) *Direito administrativo brasileiro*. 6. ed. São Paulo: Rev. Tribunais, 1978. p. 126.

VI
ATOS JURÍDICOS PROCESSUAIS

Antes de adentrarmos especificamente ao tema "atos processuais do Juiz" (atos judiciais), entendemos ser de grande importância lição de *Antonio Carlos Araújo Cintra, Ada Pellegrini Grinover e Cândido Rangel Dinamarco*[1], que chamam a atenção do leitor, no sentido de que "Como ocorre com os fatos em geral, também os fatos processuais podem ser ou não ser 'efeito da vontade' de uma pessoa: na primeira hipótese, temos ato e na segunda, fato *stricto sensu*. Ato processual é, portanto, toda conduta dos sujeitos do processo que tenha por efeito a criação, modificação ou extinção de situações jurídicas processuais". E citam como exemplo de ato processual, a petição inicial e como fato processual *stricto sensu* o decurso de prazo, que em regra produz a preclusão.

Nesse contexto, classificam duas categorias de atos processuais praticados pelo Juiz no processo: os provimentos e atos reais, também denominados atos materiais. Para os Autores, provimentos são os pronunciamentos que solucionam questões ou determinam alguma providência necessária para o seguimento do processo. Assim, os provimentos serão finais, quando colocam fim ao processo, tenham ou não julgamento de mérito e interlocutórios quando se referem a questão incidente "ou se limitem a trazer determinações para a marcha deste".

Relativamente aos atos materiais distinguem as seguintes espécies: instrutórios (ex.: ouvir alegações dos procuradores das partes) ou de documentação (ex.: rubrica de folhas de autos).

Conforme anota *Marcelo Lima Guerra*[2], os atos judiciais classificam-se em "sentença", "decisão interlocutória" e "despacho" (CPC art. 162) reservando a denominação de "acórdão" para o julgamento proferido pelos tribunais (CPC. art. 163), que a melhor doutrina classifica como "pronunciamentos", tendo em vista que, atualmente se reconhece que importantes atos judiciais ficaram fora do elenco do art. 162, como, por exemplo, na acepção de *Barbosa*

---

(1) *Teoria geral do processo.* 9. ed. São Paulo: Malheiros, 1992. p. 281.
(2) *Execução forçada* — Controle de admissibilidade. São Paulo: Rev. Trib., 1995. p. 130.

Moreira, a inquirição de testemunhas (art. 416) o exame do interditamento (art. 1.181), etc. Assim, prossegue o citado Autor, com base na tipologia desses pronunciamentos judiciais que se estabeleceu o sistema de recursos em nosso processo civil, eis que, nesse contexto o CPC "além de fixar um critério topográfico, determinando que é sentença todo ato que extingue o processo" (CPC art. 162 § 1º), o CPC explicitou nos seus arts. 267 e 269, todos os possíveis conteúdos que a sentença pode apresentar.

Após a análise da melhor doutrina sobre a questão, na qual o Autor menciona o "conteúdo decisório" e a "relevância da decisão" para diferenciar o "despacho" da "decisão interlocutória", conclui que todos os atos judiciais têm conteúdo decisório, embora nos despachos esse conteúdo seja irrelevante ou mínimo, razão pela qual não identifica nos mesmos "nenhuma diferença substancial". Nesse contexto, entende que "só faz sentido distinguir os despachos das decisões interlocutórias com a finalidade de estabelecer uma linha divisória entre pronunciamentos recorríveis e os irrecorríveis" pois, "é necessário atentar para a circunstância de que é possível estabelecer uma distinção prévia apenas de modo aproximado entre pronunciamentos com relevante conteúdo decisório e pronunciamentos sem conteúdo decisório relevante, reservando ao primeiro a denominação de decisão interlocutória e ao segundo a de despacho. E que a relevância do conteúdo decisório de um dado pronunciamento, pode variar dependendo do particular contexto em que ele é proferido".

A discussão em torno da diferença específica entre "despacho" e "decisão interlocutória" afigura-se-nos de importância específica no estudo da "coisa julgada", tendo em vista o entendimento da melhor doutrina no sentido de que não é cabível recurso em mero despacho proferido pelo Juiz, o que significa dizer que, nesse caso, não se pode falar em preclusão do direito de se insurgir contra o ato judicial praticado e, conseqüentemente, de coisa julgada formal.

Particularmente temos opinião formada de que, se o ato judicial sob o ponto de vista do conteúdo e da relevância se dispõe tão-somente ordenar a marcha processual, trata-se, sem dúvida de mero despacho. Se, ao contrário, esse ato judicial de alguma maneira exerce qualquer influência nos princípios que regem a matéria processual, e, conseqüentemente, nos direitos de litigante, tratar-se-á, inequivocamente, de decisão interlocutória, e, portanto, sujeita a recurso que motivará a coisa julgada formal.

VI.1. *Coisa julgada como provimento declaratório da Lei ao caso concreto*

Quando se fala em "coisa julgada" no plano jurídico, necessário se faz repensar alguns conceitos que estão intimamente relacionados com o tema e que certamente nos possibilitarão uma tomada de posição no desenvolvimento da matéria. Sendo a função jurisdicional a realização do direito material, cabe ao Juiz, ao emitir uma sentença, proceder a uma "operação de particularização do geral, de individualização da norma abstrata", conforme magnificamente ensina *Ovidio Baptista da Silva*⁽³⁾ que introduz o seguinte conceito de "coisa julgada": "virtude própria de certas sentenças judiciais, que as faz imunes às futuras controvérsias, impedindo que se modifique, ou discuta, num processo subseqüente, aquilo que o juiz tiver declarado como sendo a lei de caso concreto".

Conseqüentemente, entendemos ser de fundamental importância o conhecimento das características que tornam a coisa julgada instituto que norteia a própria fenomenologia do Direito, tendo em vista, como já deixamos exaustivamente mencionado, que a relação jurídica de direito material tem como suporte relação jurídica de direito instrumental que serve de instrumento para a realização da pretensão de um dos sujeitos do vínculo que se instaura após o nascimento do fato jurídico. Assim, a satisfação da pretensão do sujeito da relação jurídica de direito material somente encontrará a sua finalidade definitiva, caso haja o descumprimento da obrigação, com a coisa julgada, que será obtida após o pronunciamento do Poder Judiciário.

Nesse contexto transcrevemos lição de *José Frederico Marques*⁽⁴⁾ que sintetiza com enorme clareza os conceitos e características básicas da coisa julgada. Ensina o saudoso Mestre que "A coisa julgada não é efeito do julgamento final, e sim qualidade desses efeitos. Como ato estatal que é, o julgamento produz os efeitos que a lei lhe assinala, e cujo reconhecimento a todos é imposto. Mas, para que impere a segurança nas relações jurídicas e na tutela dos bens e interesses de cada um, forçoso se faz que, entre os litigantes, esses efeitos se tornam irrevogáveis. E nisto consiste a *res iudicata*".

De acordo com o art. 467 do CPC, "denomina-se coisa julgada material a eficácia, que torna imutável e indiscutível a sentença, não mais sujeita a recurso ordinário ou extraordinário".

Há, portanto, a estabilização interna do julgamento, tornando-o imutável dentro do processo, em virtude de não mais caber reexame recursal do que foi decidido: é a coisa julgada formal.

Exaurida, na relação processual, a tutela do Estado, com a entrega definitiva da prestação jurisdicional, o julgamento em que esta se consubstancia projeta-se fora do processo, para que a ele se vinculem as partes e interessados, juízes e tribunais. Com isso forma-se a coisa julgada material, que é a imutabilidade do julgamento fora do processo em que se constitui, a fim de que se impeça, no futuro, qualquer indagação ou reexame do que se contém na prestação de tutela jurisdicional ou julgamento.

Inicialmente queremos chamar a atenção para o fato de que o processo de conhecimento, o processo cautelar e o processo de execução possuem notável semelhança no seu mecanismo de atuação. E que, conforme salienta *Teori Albino*

---

(3) *Curso de processo civil*. Ed. Rev. Tribunais, 3. ed., SP/2001, vol. 1, pg. 86 e vol. 3, p. 487.
(4) *Manual de direito processual civil*. V. 3. Parte 2. São Paulo: Saraiva, 1978. p. 222.

Zavascki[5], a aplicação subsidiária das disposições que regem o processo de conhecimento está estipulada pelo art. 598 do CPC, o que significa dizer que os processos cautelar e de execução também adotam a sistemática que rege o processo cognitivo. E complementa: "Mesmo no estrito âmbito da ação executiva, cuja finalidade específica não é a de julgar o direito, mas torná-lo realidade, defronta-se o juiz continuamente com questões e incidentes que demandam julgamento. O controle dos pressupostos processuais, das condições da ação da existência, higidez e tipicidade do título executivo, são alguns dos temas afetos a controle judicial inafastável na ação de execução."

Especificamente com relação ao processo cautelar, *Ovidio Baptista da Silva*[6] entende que, "no caso da sentença cautelar, o que lhe falta para produzir coisa julgada, é a declaração que o juiz teria, para tanto, de fazer, sobre a existência ou a não-existência de uma dada relação jurídica litigiosa, que o processo cautelar protege como simples possibilidade de existência, sem que o juiz possa declará-la existente", faltando à mesma, pois, declaração específica sobre a ilicitude da conduta do demandado. Assim justifica o mencionado Autor a razão pela qual não admite a existência da coisa julgada material na sentença que julga a ação cautelar, tendo em vista a possibilidade de se alegar a existência de "novos meios de demonstração de fatos antigos cuja prova fora insuficiente na primeira demanda" poderá demonstrar que a sentença cautelar não produz coisa julgada, a teor do que dispõe o parágrafo único do art. 808 do CPC.

Para o ilustre Jurista, sendo a sentença "nada mais do que a lei do caso concreto", ou seja, a lei que deixa de ser abstrata e geral para se colocar como estabilizadora da relação jurídica nascida da subsunção do conceito do fato ao conceito da norma, necessário se torna, segundo o seu entendimento, para se reconhecer a coisa julgada, que ocorram as seguintes circunstâncias: "a) que exista um conflito de interesses submetido ao Poder Judiciário, sob forma de uma demanda veiculada em processo contencioso, dado que nosso direito considera que a declaração que o juiz necessariamente fará, para aplicar a lei nos processos de jurisdição voluntária, é insuficiente, como eficácia de declaração, para produzir coisa julgada; b) que, no processo contencioso, esteja em causa uma relação jurídica 'la relación jurídica deducida em juicio' a respeito da qual a sentença declare qual o dispositivo de lei a que ela está sujeita, quer dizer, como ensina *Carnelutti*, que o 'juízo' contido na sentença estabeleça juridicamente essa relação contenciosa 'como se o tivesse pronunciado o legislador'".

Conseqüentemente, no caso da sentença cautelar, o que falta para a produção da coisa julgada, segundo se depreende desses ensinamentos, é a falta da declaração sobre a existência ou inexistência da relação jurídica de direito

---

(5) *Processo de execução*. São Paulo: Ed. Rev. Tribunais, 2004. p. 63.
(6) Ob. cit., v. 3, p. 204.

material que é objeto do pedido. Daí o seu entendimento de que nesse caso inexiste a coisa julgada material na sentença que julga a pretensão de natureza cautelar do pedido.

No mesmo sentido a melhor doutrina, representada por *Humberto Theodoro Junior*[7] ensina que: "No sistema do Código Vigente a coisa julgada só se refere ao mérito da causa (art. 468), entendido este como sinônimo de lide, ou conflito de pretensões, mediante o qual o juiz, acolhendo ou rejeitando o pedido, dá razão a uma das partes e nega-a à outra, constitui uma sentença definitiva de mérito. A lide é, portanto, o objeto principal do processo e nela se exprimem as aspirações em conflito de ambos os litigantes.

Como a ação cautelar é puramente instrumental e não cuida da lide (conflito de interesses, que é objeto da ação principal), a sentença nela proferida nunca é de mérito, e, conseqüentemente, não faz coisa julgada, no sentido técnico".

Observa, no entanto, o ilustre jurista, que a exceção está prevista no art. 810, em caso de reconhecimento de prescrição ou decadência, que, evidentemente, é matéria de mérito.

Afigura-se-nos o momento oportuno para repetir a lição de *Teori Albino Zavascki*[8] para o prosseguimento do tema ora tratado. Diz o eminente jurista: "Ninguém mais se aventura a negar, seriamente, que a execução tem natureza idêntica à da cognição, complementando-se uma à outra e formando ambas um conjunto único, que, não raro, são mesmo desenvolvidas em uma única relação processual". Como disse *Carnelutti*, revisando suas próprias convicções iniciais segundo as quais a execução situava-se fora do campo de jurisdição, "também o processo de execução serve para compor a lide, em sua forma mais grave (lide de pretensão não satisfeita)". Se o processo de execução representa um prosseguimento necessário do processo cognitivo, já que "a composição da lide exige a conversão do dever-ser em ser", o que se faz pela via de execução, como não haveriam de ter, ambos, "a mesma natureza", pergunta *Carnelutti*. Daí a conclusão, hoje incontestada, de que "também o processo executivo responde ao conceito de cumprimento da lei; confirma-se assim a fundamental unidade entre a cognição e a execução". Notável pois, o discernimento do Autor que, já em 1999, antevia as modificações introduzidas pela Lei n. 11.232 de 22.12.05 que sistematizou o processo de execução como continuidade natural de sentença objeto do processo de conhecimento.

VI.2. *Despacho, Decisão Interlocutória, sentença e coisa julgada nos processos de conhecimento, cautelar e de execução*

No que diz respeito à analogia sistemática e de complementação do processo de conhecimento com o processo de execução, conforme anotam *Luiz*

---

(7) *Processo cautelar*. São Paulo: EUD — Ed. Univ. de Direito, 1985. p. 156.
(8) Ob. cit., p. 67.

Guilherme Marinoni e *Sérgio Cruz Arenhart*[9], anteriormente à Lei n. 11.232/05, o processo de conhecimento desconhecia a técnica antecipatória (adicionada em 1994 pelo art. 273 do CPC) e as sentenças mandamental e executiva (previstas no art. 461 do CPC), até que, em 2005, pela Lei n. 11.232, foi introduzido novo revestimento ao processo de conhecimento que passou a ter a chamada fase de cumprimento de sentença introduzida no Capítulo X no Título VIII, Livro I afastando a necessidade de ação e de processo de execução para a sua consecução.

Salientam, ainda, que "as sentenças mandamental e executiva, bem como a nova sentença condenatória, geraram a unificação das atividades de conhecimento e execução em um único processo. Não há dúvida que tais sentenças constituem títulos executivos (art. 475-N, introduzido no CPC pela Lei n. 11.232/05), mas é indiscutível que diante delas não há como fazer distinção entre processo de conhecimento e processo de execução.

Como se vê, a introdução da técnica antecipatória e das sentenças mandamental e executiva, assim como o acréscimo de uma fase de cumprimento da sentença condenatória, deram ao processo de conhecimento um perfil totalmente distinto daquele que lhe caracteriza em sua origem. A técnica antecipatória representa a possibilidade de execução no curso da fase de conhecimento — e assim quebra o princípio de que não há execução sem título-, enquanto as sentenças mandamental e executiva, bem como a fase de cumprimento da sentença condenatória, demonstram que o processo de conhecimento se apropriou da atividade executiva.

Para assegurar a efetividade dos processos de conhecimento e de execução, os profissionais do Direito utilizavam-se da ação cautelar para antecipar providência pedida no processo de conhecimento para garantir a efetividade do processo de execução, até que, em 13.12.94 foi introduzido o art. 273 do CPC objetivando a tutela jurisdicional adequada e tempestiva para atender a pretensão da parte que exigia o cumprimento do dever jurídico em causa, ocasião em que o art. 461 do CPC passou a viabilizar também a tutela inibitória ou preventiva (Lei n. 8.952/94) dos direitos em litígio, introduzindo a sentença mandamental e a sentença executiva prevendo no seu § 5º as medidas necessárias para o sujeito ativo da obrigação atingir o seu *desideratum*.

Em seguida a Lei n. 11.232/05 introduziu no processo de conhecimento a denominada "fase de cumprimento de sentença" (Capítulo X, Título VIII, Livro I do CPC) dispensando a necessidade de ação e de processo de execução para permitir a execução da sentença condenatória no próprio processo de conhecimento."

Assim, prosseguem os referidos Autores, "o processo de execução, embora não mais sirva à sentença condenatória, obviamente ainda existe, precisa-

---

(9) *Manual do processo de conhecimento*. 5. ed. São Paulo: Rev. Trib., 2006. p. 73.

mente diante dos títulos extrajudiciais e, inclusive, dos títulos judiciais referidos nos incisos II (sentença penal condenatória transitada em julgado), IV (sentença arbitral) e VI (sentença estrangeira homologada pelo STJ), os quais não podem prescindir de citação do devedor no juízo cível.

Relativamente ao processo cautelar, afirmam que "transformou-se, em razão da criatividade dos operadores jurídicos e das novas necessidades de tutela dos direitos, não só em técnica de sumarização do processo de conhecimento (tutela antecipatória) como também instrumento para viabilizar a tutela preventiva (ocupando o lugar da atual ação inibitória)".

VII

EXTINÇÃO DA RELAÇÃO JURÍDICA

Da mesma maneira como tratamos da relação jurídica em nível lógico, é evidente que deveremos aplicar à sua extinção o mesmo tratamento. Vale dizer, se a dinâmica fenomenológica da norma jurídica, conforme já salientamos, tem a sua fase terminal caracterizada pelo efeito produzido, também se nos afigura evidente que a extinção da relação jurídica deverá ser tratada levando-se em consideração o seu plano de eficácia.

Assim, a relação jurídica, tem como característica específica a existência de uma sanção, introduzida na composição do vínculo contido na relação normativa. Como ensina *Schreier*, "somente existe obrigação se o não-cumprimento, tem, por sua vez, uma conseqüência de direito" (p. 117), já que, para o mencionado Autor, essa relação é um fato jurídico dependente e, se não contiver alguma conseqüência de direito, não será passível de cumprimento.

Em obra anterior[1], já houvéramos colocado a questão da extinção da relação jurídica no momento em que ocorre o "cumprimento" da prestação, ou então, quando pelo seu não cumprimento possibilita a atuação de uma "conseqüência" de direito (sanção). Nesse último caso, a conseqüência de direito irá propiciar a instauração da fase em que, pela vontade do sujeito ativo, será o sujeito passivo submetido ao estágio da sujeição patrimonial, ou seja, a etapa da satisfação compulsória da obrigação que também fixa o termo extintivo daquela relação jurídica.

Assim, "cumprimento" e "conseqüência" são expressões cuja significação supõe uma correlatividade, ou como diz *Lourival Vilanova*, uma "recíproca relação formal de implicação", já que o cumprimento da obrigação encontra-se previsto no antecedente da endonorma e se materializa ao se realizar a conseqüência jurídica (eficácia jurídica), enquanto o não-cumprimento, sendo o antecedente de uma sanção, se manifesta pela atuação da conseqüência contida na perinorma."

---

(1) *Relação jurídica tributária em nível lógico*. São Paulo: LTr, 1993. p. 84.

E complementamos nosso pensamento com os ensinamentos de *Fritz Schreier*[2] no sentido de que somente existe obrigação se o não-cumprimento, tem, por sua vez, uma conseqüência de direito, já que, para o mencionado Autor, essa relação jurídica é um fato jurídico dependente e, se não contiver alguma conseqüência de direito, não será passível de cumprimento.

Chamamos a atenção para o fato de que, ao se falar em "obrigação", imediatamente nos vem à mente o termos "cumprimento", já que a significação do vocábulo "obrigação" se apresenta em nosso processo de abstração como idéia de um dever, cujo não-cumprimento ocasiona a efetivação das prescrições contidas na relação normativa.

Daí o motivo pelo qual os doutrinadores de reconhecida envergadura intelectual fundamentam as suas lições no fato de existirem na norma situações que permitam reconhecer a circunstância de que o não cumprimento da obrigação dá lugar à possibilidade de atuação de uma sanção.

Levando-se, então, em consideração, que o cumprimento de uma relação jurídica se esgota, evidentemente, quando o seu efeito se materializa, estamos em condições de afirmar que a sua extinção ocorre, logicamente, também em nível eficacial, no momento em que o seu não cumprimento produz uma conseqüência de direito.

A conseqüência prevista na relação normativa, ao produzir os efeitos decorrentes do não-cumprimento da obrigação, fixa, por conseguinte, o termo *ad quem* que permite sinalizar o exato momento da extinção do nexo relacional, pois, como ensina *Schreier* "sendo a relação jurídica um fato jurídico dependente, não pode, por si só, ter nenhuma conseqüência de direito e não é, portanto, suscetível de cumprimento".

Portanto, cabe-nos introduzir um segundo termo que, somado ao de "cumprimento" pode estabelecer, com grande nitidez, o momento da extinção da relação jurídica obrigacional: trata-se do termo "conseqüência" que, no silogismo condicional, segundo *Régis Jolivet*, corresponde à parte da proposição que enuncia o condicionamento e, nas ciências da natureza, o fenômeno ou conjunto de fenômenos cuja aparição ou variação depende de outro fenômeno chamado antecedente.

Entremos, de plano, por conseguinte, no âmago da questão relativa à extinção do vínculo, para expor a significação desse fenômeno, principiando por advertir que o termo "cumprimento" será por nós empregado no seu sentido lato, significando o "esgotamento do vínculo", isto é, a sua incapacidade para subsistir, após constatado o seu efeito na ordem jurídica. De se notar, contudo, aliás como já expusemos por ocasião da descrição da dinâmica fenomenológica da norma jurídica, que esse efeito será constatado tanto por ocasião do com-

---

[2] *Conceptos y formas fundamentales del derecho*. Buenos Aires: Editorial Losada, 1942. p. 117.

portamento do sujeito do dever jurídico que cumpre a obrigação, quanto pela conduta do portador do direito subjetivo ao fazer valer, pela conseqüência, o efeito prescritivo na relação normativa advindo do não-cumprimento da obrigação, ou, ainda, pela renúncia do sujeito ativo da obrigação que com a sua inanição provoca a decadência do direito de agir ou a prescrição que neutraliza a possibilidade de fazer valer a sua pretensão, ambos institutos em nível administrativo ou judicial.

Nesse sentido, os ensinamentos de *Eurico Marcos Diniz de Santi*[3] ao tratar de maneira sistemática das proposições gerais sobre decadência e prescrição:

> Decadência e prescrição são mecanismos do sistema jurídico para absorção de incertezas, são limites impostos pelo próprio ordenamento à positivação do direito, seja mediante o exercício do próprio direito, decadência, ou o exercício da ação, prescrição.
>
> A decadência do direito do Fisco corresponde à perda da competência administrativa do Fisco para efetuar o ato de lançamento tributário, e a decadência do direito do contribuinte corresponde à perda do direito de o contribuinte pleitear administrativamente o débito do Fisco.
>
> A prescrição do direito do Fisco corresponde à perda do direito de o Fisco ingressar com o processo executivo fiscal, e a prescrição do direito do contribuinte corresponde à perda do direito de ação de que o contribuinte é titular para efetivar seu direito ao débito do Fisco.
>
> As normas gerais e abstratas de decadência e prescrição do direito do Fisco e de decadência e prescrição do direito do contribuinte devem ser introduzidas por lei complementar, o que implica definir nesse veículo normativo a hipótese (determinando o prazo, seu termo inicial e eventuais circunstâncias suspensivas e interruptivas que conformam esse fato temporal) e o conseqüente (extinção do direito de lançar, do crédito ou direito de ação).
>
> O legislador complementar que tratar de decadência e prescrição tributárias deve dirigir essas regras indiscriminadamente à União, aos Estados, aos Municípios e ao Distrito Federal, pois a garantia do princípio federativo e da autonomia dos Municípios está jungida à generalidade dos destinatários, realizando também o primado da isonomia das pessoas políticas.
>
> No direito tributário, decadência e prescrição operam sobre as fontes de produção de normas individuais e concretas, interrompendo o processo de positivação do direito tributário. Mas esses efeitos não se operam automaticamente: exigem reconhecimento do sistema jurídico. O mero

---

(3) *Decadência e prescrição no direito tributário*. São Paulo: Max Limonad, 2000. p. 283.

transcurso do prazo tipificado nas normas decadencial ou prescricional não opera a eficácia automática de extinguir o direito, requerem-se normas individuais e concretas que constituam os fatos da decadência ou da prescrição, implicando os efeitos extintivos. Os prazos de decadência e prescrição impõem limites somente à produção de regras individuais e concretas, mas não de normas gerais e abstratas.

Tomar decadência e prescrição como normas jurídicas apresenta duas grandes vantagens: primeiro, amplia a área de análise do fenômeno jurídico da decadência e da prescrição, permitindo o ingresso em sua bimembridade estrutural (hipótese e tese); segundo, articula epistemologicamente o dado-material, sacando na multiplicidade do objeto formal a diversidade de normas que os critérios relevantes postos pelo direito objetivo exibem.

As hipóteses normativas das normas decadenciais ou prescricionais descrevem o transcurso de tempo, qualificado pela conduta omissiva do titular do direito, contado do *dies a quo* fixado na legislação tributária. O decurso desse prazo, no plano do suporte fáctico, é o evento. Os fatos decadencial ou prescricional no domínio do direito vão surgir quando esse acontecimento, que se dá no tempo histórico e no espaço social, for relatado em linguagem competente.

Embora venha sendo interpretada no mais das vezes como *dies a quo*, *interrupção* no direito ora pode significar "início de um novo prazo", ou "reinício", ora simplesmente "o termo final de um prazo" (*dies ad quem*), ficando o sentido de "rompimento temporário" reservado para *suspensão*. Seja como *dies a quo*, seja como *dies ad quem*, a interrupção erige hipóteses normativas de decadência ou prescrição, enquanto a suspensão cuida de delinear o suporte fáctico temporal que informa a composição dessas hipóteses normativas.

Tratando do tema, *Maria Helena Diniz*[4] oferece ao estudioso da matéria excelentes subsídios para o entendimento dos dois institutos que, como veremos, atuam como fato impeditivo de atuação da pretensão do sujeito ativo da obrigação face o decurso do tempo ocorrido entre a incidência da norma e o prazo válido para o exercício do direito subjetivo nascido em razão da ocorrência do fato jurídico.

Nesse contexto, ensina a Autora que, sendo o fato jurídico *stricto sensu* um acontecimento ocorrido independentemente da vontade humana, como deixamos consignado quando tratamos do "Gráfico Expositivo da Teoria do Fato Jurídico", sobreleva em importância do decurso do tempo, principalmente no que concerne à prescrição e à decadência, dada a enorme influência que exercem nas relações jurídicas, no que diz respeito à aquisição e à extinção dos direitos.

---

(4) *Curso de direito civil brasileiro.* 20. ed. São Paulo: Saraiva, 2003. p. 335 e segs.

Prossegue a Autora por chamar a atenção para o fato de que o objeto da prescrição é a pretensão a que reiteradamente já nos referimos, razão pela qual esse instituto se destina a extingui-la e tendo em vista que "o direito material deve ser exercido no mesmo prazo em que prescreve a pretensão (CC, art. 190)". Esclarece, ainda, que a prescrição ao atingir a pretensão contida no direito material não possui substância para invalidar os direitos e deveres contidos na relação jurídica instaurada que pode continuar a possuir plena eficácia, como se poderá constatar em casos de pagamentos de obrigação já atingida pela mesma, fato esse inatacável por meio de ação (CC, art. 882). Ensina, também, a Autora, que a prescrição abrange todas as ações patrimoniais, reais ou pessoais, estendendo-se, evidentemente, "aos efeitos patrimoniais de ações imprescritíveis".

Ainda com relação à prescrição, resta notar que, após a instauração da relação processual, cabe aos sujeitos da obrigação diligenciarem no sentido de que os atos processuais tenham o seu regular trâmite, sem o que, também por decurso do tempo, poderá ocorrer a denominada "prescrição intercorrente" que também atinge o mérito da questão.

Assim, podemos afirmar, com toda segurança metodológica, que *a prescrição atinge o direito material do autor da ação*, como forma de neutralizar a pretensão contida no seu direito subjetivo, com isso impedindo os efeitos da exigência manifestada no sentido de dar eficácia à relação jurídica que depende da relação processual *(instrumental)* para possibilitar a evolução da dinâmica normativa.

Nesse contexto, voltamos o nosso pensamento para o antigo artigo 173 — atual parágrafo único do art. 202 do mesmo Código Civil que assim dispõe:

> A prescrição interrompida recomeça a correr da data do ato que a interrompeu, ou do último do processo para a interromper.

Conseqüentemente, afigura-se-nos sem qualquer receio de atentar contra a metodologia científica, que o antigo art. 173 do Código Civil, atual parágrafo único do art. 202, serve de substrato para que o enunciado prescritivo relativo à prescrição intercorrente, inclusive no processo administrativo, possa ser admitido sem maiores ressalvas.

Outrossim, devemos levar em conta que a norma que autoriza a formalização do enunciado prescritivo tem *natureza substantiva*, já que se trata de dispositivo que regulamenta um ato que se consubstancia em atividade de *direito material,* que, por sua vez, dá substância ao *ônus de agir* identificado na *pretensão* contida no direito subjetivo da relação jurídica.

Por tudo quanto aqui colocamos, defendendo a tese de que a prescrição intercorrente é aplicável ao processo administrativo e que o referido instituto tem a figura de um enunciado prescritivo, formalizado por autorização da norma de direito material expressa no parágrafo único do art. 202 do Código Civil, resta-nos conceituar a pretensão, elemento propulsor do direito subjetivo do autor da demanda:

> Ato jurídico que tem por objeto, como *antecedente*, o direito material, previsto na norma primária, que hospeda a vontade impositiva do sujeito ativo da relação jurídica e, como *conseqüente*, o direito processual (*instrumental*), representado pelos *pressupostos e condições* que regem a interposição dos processos administrativo e judicial, visando instrumentalizar a expropriação de bens do sujeito passivo, tendo por *conteúdo* o poder de exigir o cumprimento da obrigação e como elemento constitutivo a faculdade de acionar a *sanção* consubstanciada na norma secundária.

Conseqüentemente, tendo o sujeito ativo, o ônus de agir, representado pelo denominado "ônus de impulso ulterior ou de impulso sucessivo" que objetiva a passagem de um ato processual a outro, ou de uma fase procedimental a outra, *a demonstração evidente, por decurso de prazo, de que a manifestação de vontade do sujeito ativo revela-se desinteressada no cumprimento do referido "ônus de agir", possibilitará ao Julgador a declaração da prescrição intercorrente com supedâneo no parágrafo único do art. 202 do Código Civil, que disciplina fato jurídico de direito material, consubstanciado no direito subjetivo de exigir do sujeito passivo o correspondente dever jurídico.*

No mesmo sentido o REsp n. 805.213/SP — Relator o Ministro Luiz Fux (DJ Seção 1 de 26.4.07, p. 399), transcrevendo o REsp n. 418.160/RO, Relator Ministro Franciulli Neto (DJ 19.10.04):

> EMENTA: "RECURSO ESPECIAL ALÍNEAS A E C. TRIBUTÁRIO. EXECUÇÃO FISCAL. ARQUIVAMENTO. INÉRCIA POR MAIS DE CINCO ANOS. RECONHECIMENTO DA PRESCRIÇÃO INTERCORRENTE. ACÓRDÃO RECORRIDO EM SINTONIA COM A ORIENTAÇÃO JURISPRUDENCIAL DO STJ. SÚMULA N. 83.
>
> No caso em comento, suspensa a execução por mais de um ano, decorreu mais de um qüinqüênio da data do arquivamento sem baixa (fl. 116), razão pela qual o processo foi extinto com julgamento de mérito pela prescrição intercorrente.
>
> É certo que o artigo 40, § 2º, da LEF deve ser aplicado à luz do disposto no artigo 174 do CTN. Como bem lembrou o ilustre Ministro Francisco Peçanha Martins, o "art. 40 da Lei n. 6.830/80 deve ser interpretado em sintonia com o art. 174/CTN, sendo inadmissível estender-se o prazo prescricional por tempo indeterminado" (REsp n. 233.345/AL, DJU 6.11.00).
>
> Ademais, as partes do processo devem ser diligentes, mormente, no caso em tela, a Fazenda Pública, porquanto a execução fiscal se faz no seu próprio interesse, tendo em vista ter sido ela a solicitar a referida tutela. Destarte, cabia à Fazenda zelar pelo andamento regular do feito, de molde a impedir a ocorrência da prescrição intercorrente.

Destarte, permitir à Fazenda manter latente relação processual inócua, sem citação e com prescrição intercorrente evidente é conspirar contra os princípios gerais de direito, segundo os quais *as obrigações nasceram para serem extintas* e o processo deve representar um instrumento de realização da justiça.

Em conseqüência, paralisado o processo por mais de 5 (cinco) anos impõe-se o reconhecimento da prescrição, *máxime quando houve requerimento específico da parte executada nesse sentido*.

In casu, não houve citação, tendo o devedor ingressado no feito espontaneamente para oferecer a exceção de pré-executividade, justamente para alegar a prescrição, em 28 de fevereiro de 2002, de modo que resta inequívoca a ocorrência da prescrição.

Ex positis, dou provimento ao recurso especial (art. 557, § 1º, do CPC)."

Nesse mesmo sentido, lição de *Nelson Nery Júnior* e *Rosa Maria de Andrade Nery*[5]:

"Superadas as questões doutrinárias e jurisprudenciais a respeito, o legislador brasileiro determinou serem prescrição e decadência matérias de mérito, acolhendo o magistério de Liebman, Est., 185. Quando o juiz pronuncia a decadência ou a prescrição, está julgando o mérito, mesmo quando não ingresse na análise das demais questões agitadas no processo. Havendo recurso dessa sentença, poderá o tribunal examinar todas as matérias suscitadas e discutidas no processo, ainda que a sentença não as tenha julgado por inteiro (CPC 515 §§ 1º e 2º). Assim agindo, não estará suprimindo um grau de jurisdição, pois essa matéria lhe foi, *ex lege*, devolvida. Pode ser que o tribunal não se encontre em condições de analisá-la, em face da ausência de prova a respeito, o que se nos afigura outra questão, diversa da pretensa impossibilidade jurídica de o tribunal examinar o 'restante' do mérito, podendo, para tanto, converter o julgamento em diligência ou simplesmente afastar a decadência ou prescrição, devolvendo os autos à origem para que o juiz de primeiro grau julgue o mérito em sua inteireza. Impedimento jurídico para o tribunal examinar todo o mérito não há. O CPC 515 § 3º autoriza o tribunal, ao afastar a carência no julgamento da apelação, passar desde logo ao exame do mérito. Nesse caso também não há supressão de grau de jurisdição, porque se trata de competência originária dada pela lei para o tribunal julgar o mérito."

Relativamente ao instituto da decadência, lembra *Maria Helena Diniz*[6] que o Código Civil de 2002 apresenta como inovação a sua disciplina (arts. 207 a 211 e menção nos arts. 178 e 179) e se caracteriza "pela inação de seu

---

(5) *CPC comentado e legislação extravagante*. 9. ed. São Paulo: Rev. Trib., 2006. p. 447.
(6) Ob. cit., p. 352.

titular que deixa escoar o prazo legal fixado para o seu exercício", ou seja, ao deixar o titular do direito de transformar em linguagem escrita a sua pretensão de fazer valer (tornar eficaz) o seu direito subjetivo em confronto com o dever jurídico instaurado na relação jurídica que vincula o sujeito ativo ao sujeito passivo do vínculo abstrato que se instaurou por força do fato jurídico (*stricto sensu* ou *lato sensu*).

Assim, prossegue a Autora, o objeto da decadência "é o direito que, por determinação legal ou por vontade humana unilateral ou bilateral, está subordinado à condição de exercício em certo espaço de tempo, sob pena de caducidade". Conseqüentemente, no que diz respeito aos efeitos produzidos após o seu reconhecimento, "extinto o direito pela decadência, torna-se, portanto, inoperante; não pode ser fundamento de qualquer alegação em juízo, nem ser invocado, ainda mesmo por via de exceção". Constitui, assim, fundamentalmente, um direito sem pretensão, que foi neutralizado por falta do seu exercício no tempo previsto na norma regulamentadora desse instituto. De se salientar, outrossim, que se constitui de matéria de mérito em caso de decisão processual alegada tanto por via de ação quanto por via de exceção, ocasião em que será alegada por quem entender que tem o interesse jurídico no seu reconhecimento.

Urge fixar, portanto, que os termos propostos para delimitar a extinção da relação obrigacional estão intimamente interligados, já que, em virtude desta harmonia, o cumprimento se materializa ao se realizar a conseqüência jurídica (eficácia jurídica), considerando-se que os efeitos estão prescritos no conseqüente e são exteriorizados por meio da relação jurídica. Por isso *Lourival Vilanova* ensina que "se norma estatui que somente se se dá A, então deve-ser C, a recíproca da condição é formalmente necessária. Se o antecedente é condição necessária e suficiente do conseqüente, o conseqüente pode figurar no tópico de antecedente, também necessário e suficiente do antecedente que passou para o lugar sintático de conseqüente. O vetor implicacional coloca-se em duas direções (A = C), mostrando a correlatividade ou a recíproca relação formal de implicação".

Isto posto, retomamos os ensinamentos de *Schreier*[7] que, sinteticamente, resume o mecanismo que leva o que denominamos de "esgotamento do vínculo", ao formular a seguinte questão: "O que ocorre se a obrigação não é cumprida?" Teremos que considerar, responde, um novo conceito relativo, criado pela relação jurídica: a sanção... "De acordo com o fato jurídico, X está obrigado, se não quiser incorrer na sanção, a realizar a prestação". Esta é a fórmula da proposição jurídica completa e corresponde aos juízos em que culmina a função jurisdicional. Se não quiser que se promova a execução contra si, de acordo com o fato jurídico comprovado, o demandado está obrigado a realizar a prestação". Deste modo, prossegue, "obtemos os quatro conceitos

---

(7) Ob. cit., p. 112.

jurídicos fundamentais: fato jurídico, pessoa, prestação, sanção. A forma da proposição jurídica tem este enunciado: ao dar-se o fato jurídico, a pessoa deve realizar a prestação, se não quiser incorrer na sanção".

Eis, por conseguinte, em toda a sua extensão, o mecanismo que caracteriza a extinção da relação jurídica obrigacional, cuja existência só poderá ser efetiva se o seu não-cumprimento tiver como fundamento uma conseqüência.

Essa a visão no plano lógico do fenômeno normativo na sua inteireza: criação, desenvolvimento, desaparecimento do vínculo pelo adimplemento e, circunstancialmente, pelo seu inadimplemento.

No plano processual, circunscreve-se a extinção da relação jurídica de direito material nos moldes previstos pelos arts. 267 e 269 do CPC cujo plano instrumental assim está composto na visão de renomados doutrinadores, dentre os quais selecionamos para o leitor os seguintes Mestres que cuidaram da matéria: *Sérgio Bermudes*, citado por *Marcelo Lima Guerra*[8] assim se manifesta a respeito do tema:

> "Extingue-se o processo quando o devedor satisfaz a obrigação. Melhor teria sido que o legislador colocasse na voz passiva a oração. A execução não se extingue apenas quando devedor satisfaz a obrigação, mas também quando, independentemente de sua vontade, a obrigação é satisfeita. Dê-se ao inc. I do art. 794 interpretação extensiva, de modo que ele abranja não só a hipótese em que o devedor satisfaz, *sponte sua*, a obrigação emergente do título executivo, mas, ainda, os casos em que o direito do credor é satisfeito contra a vontade do sujeito passivo da relação processual, ou independentemente dela".

Em ambas as hipóteses a execução chega ao seu fim normal, na medida em que atende ao seu "escopo institucional". Mas a sentença deve ser caracterizada diversamente, segundo se tratar de uma ou de outra das situações mencionadas.

De fato, a melhor doutrina inclina-se a admitir que o cumprimento espontâneo pelo devedor, "que acode à citação para satisfazer ao que é pretendido pelo exeqüente, deve ser equiparado ao réu que reconhece o pedido na ação de conhecimento".

Colocada a questão relativa à extinção da relação jurídica nos termos de "cumprimento" ou "não cumprimento" da obrigação contida no nexo relacional, afigura-se-nos de importância fundamental um breve estudo das obrigações de dar, fazer e não fazer que, evidentemente, possuem diferentes mecanismos a serem observados para caracterizar o desaparecimento do liame obrigacional.

---

(8) *Execução forçada*. São Paulo: Ed. Rev. Trib., 1995. p. 53.

Leciona *Washington de Barros Monteiro*[9] que, nas obrigações de dar coisa certa, o devedor fica obrigado a fornecer ao credor certo bem, que deve ser individualizado, que pode ser móvel ou imóvel.

Nesse contexto, prossegue, a obrigação de dar gera um direito pessoal (*jus ad rem*) e não real (*jus in re*); o que significa dizer que dá origem a um determinado crédito e não um direito real sobre a coisa.

Assim, ensina o referido Autor que, "se o devedor, depois de contraída a obrigação, transmite o objeto a terceira pessoa, não pode o credor voltar-se contra esta última e dela demandar a respectiva entrega. Seu direito, insista-se, não é real, não segue a coisa onde quer que ela se encontre, mas meramente pessoal, exercitável exclusivamente contra o próprio devedor, que, não cumprindo a obrigação, abre espaço à ação de reparação do dano".

Relativamente às obrigações de fazer, chama a atenção para o fato de que as mesmas têm por objeto prestação que consiste num ato do devedor, ou num serviço deste, sendo que, "nas obrigações *ad dandum* ou *ad tradendum* a prestação consiste na entrega de uma coisa, certa ou incerta; nas obrigações *in faciendo* o objeto consiste num ato ou serviço do devedor". E salienta, magnificamente, que, "O *substractum* da diferenciação está em verificar se o dar ou entregar é ou não conseqüência do fazer. Assim, se o devedor tem de dar ou de entregar alguma coisa, não tendo, porém, de fazê-la previamente, a obrigação é de dar; todavia, se, primeiramente, tem ele de confeccionar a coisa para depois entregá-la, se tem de realizar algum ato, do qual será mero corolário o de dar, tecnicamente a obrigação é de fazer", que dá causa à ação de perdas e danos, enquanto que, as primeiras "recebem completa execução com a entrega da própria coisa prometida pelo devedor".[10]

No tocante às obrigações de não fazer, ensina que são aquelas pelas quais o devedor se compromete a não praticar certo ato, "que poderia livremente praticar, se não houvesse se obrigado", fato esse que, "desde que inviável o desfazimento, se resolve em perdas e danos". Finaliza por lecionar que nesse caso, a ação própria nas obrigações de não fazer é a ação ordinária com o pedido cominatório do art. 287 do CPC. E salienta, ainda, que, todas as prescrições que objetivam a disciplina das obrigações de fazer também se aplicam às de não fazer. Por conseqüência, ensina, "Praticado pelo devedor o ato, a cuja abstenção se obrigara, o credor pode exigir dele que o desfaça, sob pena de se desfazer à sua custa, ressarcindo o culpado perdas e danos".

Estabelecido, portanto, o objeto dos três grupos de obrigação, podemos passar às noções preambulares para o estudo da extinção da relação jurídica.

---

(9) *Curso de direito civil*. 4. v. Direito das Obrigações. 1ª Parte. São Paulo: Saraiva, 1979. p. 55 e segs.
(10) Ob. cit., p. 87/88.

Após extensa pesquisa objetivando sistematizar o estudo da execução dos três tipos de obrigação, preferimos adotar a metodologia de *Carlyle Popp* que em magnífica obra escrita por ocasião da obtenção do título de Mestre em Direito[11], oferece pormenorizada visão da extinção das obrigações, ao adotar a *"Teoria dos Planos da Tutela Jurídica"* defendida por *Pontes de Miranda, Ovídio B. Silva e Araken de Assis*, que defendem a tese, também seguida por este Autor, segundo a qual "a ação é concebida em dois planos, um de direito material e outro de direito processual", nos termos, aliás, das idéias que desenvolvemos no início deste trabalho, momento em que sustentamos que o direito instrumental (processual) objetiva o desenvolvimento do direito de ação, visando a satisfazer uma pretensão resistida.

Conseqüentemente e como bem assinala *Carlyle Popp*, "o conceito de execução não pode se restringir àquelas por título judicial e extrajudicial", conforme entendem aqueles que adotam a tese de que as ações são identificadas pelos três tipos de provimento jurisdicional: de conhecimento, constituído de eficácia declaratória, constitutiva ou condenatória, de cautelar e de execução.

Assim, a moderna doutrina processual concebeu a classificação "quinária", incluindo, além dos efeitos admitidos tradicionalmente, os efeitos executivo e o mandamental, conforme entende *Ovidio B. Silva*[12] "Quando dizemos que uma determinada sentença tem eficácia declaratória ou constitutiva, não queremos dizer que ela seja eficaz relativamente a este ou aquele sujeito, como se diria da qualidade do ato ou negócio jurídico que seja eficaz ou ineficaz. O conceito de eficácia da sentença mais do que a validade, ou a pura aptidão para ser eficaz, perante seus destinatários, indica a qualidade do "ser eficaz", porque não se diz simplesmente que tal sentença tem eficácia, e sim que tem esta ou aquela eficácia, que ela é declaratória, constitutiva etc.

Quando se tem uma ação constitutiva (de direito material), sabe-se de antemão que a respectiva sentença de procedência irá ter uma eficácia constitutiva de igual natureza e intensidade. Se a ação for de anulação de um contrato, saberemos antecipadamente que a sentença, pela qual o Juiz reconheça sua procedência, será também constitutiva negativa, tal como a pretensão posta em causa pelo autor. Do mesmo modo, quando temos diante de nós duas ou mais sentenças, podemos classificá-las segundo a qualidade de suas forças respectivas ou conforme os efeitos que elas produzam sejam declaratórios, condenatórios ou constitutivos; ou ainda, fora do 'processo de conhecimento', que tais efeitos sejam denominados executivos ou mandamentais".

---

(11) *Execução de obrigação de fazer*. 1. ed. 2. tiragem. Curitiba: Juruá-Editora, 2001. p. 109/170.
(12) *Curso de processo civil*. 5. ed. V. 1. São Paulo: Ed. Rev. Tribunais, 2001. p. 490.

Ao estabelecer a classificação das eficácias da ação material, *Araken de Assis*[13] leciona que o autor, ao optar pela ação declaratória, objetiva o reconhecimento da existência ou da inexistência de um direito, o que significa dizer que, em função do art. 4º, I, do CPC, a declaração diz respeito à relação jurídica como um todo ou uma das suas partes, ou seja, aos sujeitos do vínculo, ao seu objeto ao direito subjetivo do sujeito ativo e ao conseqüente dever jurídico do sujeito passivo da relação.

Relativamente à ação constitutiva, diz o Autor que o seu objeto consiste na criação, modificação ou extinção de uma relação jurídica, e "produz, então, como efeito principal, um estado jurídico novo, vale dizer, muda em algum ponto, por mínimo que seja, o mundo jurídico", na citação de *Pontes de Miranda*, sendo que, dependendo das peculiaridades da situação material, a eficácia constitutiva projeta-se *ex nunc* ou *ex tunc*, ou seja, em se tratando de ação desconstitutiva, implica retorno ao estado anterior, apanhando, na retro-projeção, toda a eficácia do ato ou do negócio jurídico.

No tocante à ação condenatória, ensina *Teori Albino Zavascki*[14], citando *Liebman*, que "a sentença condenatória tem duplo conteúdo e dupla função: em primeiro lugar, declara o direito existente — e nisto ela não difere de todas as outras sentenças (função declaratória); e, em segundo lugar faz vigorar para o caso concreto as forças coativas latentes na ordem jurídica, mediante aplicação da sanção adequada ao caso examinado — e nisto reside a sua função específica que a diferencia das outras sentenças". E conclui por dizer que a sentença condenatória, seja ela constitutiva ou meramente declaratória da sanção, identifica, de modo completo, a norma jurídica individualizada, definindo, inclusive, a conseqüência jurídica decorrente da inobservância do preceito.

No que diz respeito à ação mandamental, anota *Ovidio B. Silva*[15] que esse tipo de sentença tem por finalidade precípua a tutela cautelar, sendo que, se constitui, ao mesmo tempo, "ato jurisdicional típico incapaz de produzir coisa julgada e definitivo, no sentido de corresponder a suma espécie de tutela jurisdicional que se completa com uma sentença que encerra uma determinada relação processual, como qualquer sentença de mérito e, mesmo assim, não declarara a existência do direito assegurado", o que significa dizer, segundo o mesmo Autor, que, a sua eficácia objetiva "muito mais uma ordem do que um julgamento" e arremata com a sua costumeira clareza, que a eficácia da sentença mandamental jamais poderia ser própria das sentenças declaratórias, constitutivas, condenatórias ou executivas, porque as mesmas produzem "jurisdição satisfativa, na medida em que contêm declaração, capaz de produzir coisa julgada. Declarar o direito, com produção de coisa julgada, é já satisfazer a pretensão à declaração".

---

(13) *Cumulação de ações*. 1. ed. 2. tir. São Paulo: Rev. Trib., 1991. p. 79.
(14) *Processo de execução* — Parte Geral. 3. ed. São Paulo: Ed. Rev. Trib., 2004. p. 287.
(15) *Curso de processo civil*. 3. ed. V. 3. São Paulo: Ed. Rev. Trib., 2000. p. 79.

Finalmente, tratando-se da ação de execução, a sentença objetiva a satisfação da pretensão do autor e busca "adequar o mundo físico ao projeto sentencial, empregando a força do Estado (art. 579 do CPC)", conforme observa com grande acuidade *Araken de Assis* em seu "Manual do Processo de Execução"[16], obra indispensável para aqueles que buscam um estudo mais profundo da matéria. Do mesmo livro extraímos as seguintes linhas que oferecem a exata dimensão do processo de execução e que poderá propiciar o entendimento sistemático da eficácia da sentença na ação de execução. Diz o ilustre Jurista às p. 80 e seguintes da obra citada: "Examinadas de perto, as cinco eficácias existentes no núcleo do objeto litigioso, ou da ação (material) veiculada no processo, se revelam heterogêneas na forma de satisfação que concedem ao demandante. Em dois casos há tutela auto-satisfativa: a emissão de pronunciamento do juiz, dotado de força preponderante declaratória ou constitutiva, atende e esgota, integralmente, a aspiração do autor. Escopo atingido, nada mais há para integrar ou acrescentar ao comando judicial, que opera de modo livre, pleno e satisfatório, considerando o interesse deduzido na demanda.

No que concerne às eficácias condenatória, executiva e mandamental, o fenômeno não se repete, porém. Considerando sempre a satisfação do interesse do autor, a operatividade de cada uma delas implica alterações no mundo natural. E somente tais mutações satisfazem, na realidade o demandante". E complementa o Autor, de modo admirável a sua lição citando *Piero Calamandrei*, ao observar as mudanças jurídicas produzidas pelo ato executivo próprio do caráter típico da execução, ao salientar que "sobre a esfera jurídica do devedor jamais ficam limitadas ao mundo jurídico, senão que sempre são precedidas, acompanhadas e sucedidas de variações no mundo sensível, de deslocamento de coisas ou de pessoas, cuja realização pode tornar indispensável o emprego da força física".

Nesse contexto, prossegue *Araken de Assis*, o emprego da força estatal para a obtenção dos meios executórios apresenta-se da seguinte maneira: "a execução da prestação de dar coisa certa importa desapossamento compulsório (art. 625) ou voluntário (art. 622); igualmente, há perda da posse no primeiro ato da alienação forçada, que é a penhora (art. 652), que executa prestação de fazer fungível (p. ex.: um muro), praticam-se atos no imóvel do executado que, em outra situação, configurariam intolerável esbulho; na expropriação, iniciada pela penhora, a execução elimina, no patrimônio exposto à execução (art. 591), o domínio de bens (alienação, art. 693; adjudicação, art. 714) ou de direito parciário a eles inerentes (usufruto, art. 716)".

Estabelecidos os parâmetros que definem os conceitos da eficácia relativamente à classificação "quinária" das sentenças prolatadas nos processos de conhecimento, cautelar e de execução, estamos aptos a retornar à metodologia

---

(16) *Manual do processo de execução*. 2. ed. São Paulo: Ed. Rev. Trib., 1995. p. 81.

adotada por *Carlyle Popp* na obra já citada, na qual defende a tese de que, nos casos em que a sentença possui natureza executiva, não se faz necessária a instauração do processo de execução, eis que, as demandas executivas "possuem caráter pessoal ou real", nos termos, aliás, dos ensinamentos de *Araken de Assis*, que transcrevemos quando tratamos da tutela auto-satisfativa no que concerne ao interesse deduzido na demanda.

Para o Autor, seguindo a melhor doutrina, a execução pode ser direta (por subrrogação), caracterizada por ato de expropriação ou de execução específica, ou indireta, (por coação), constituída por atos de pressão psicológica, física ou econômica, como as *astreintes*, penas de multa, punição por ato atentatório à dignidade da justiça, etc.

Nesse sentido leciona que a execução por ato de expropriação objetiva quantia certa e ao citar *Cândido Dinamarco*, anota que "O que torna específica a execução para entrega e das obrigações de fazer ou não-fazer é a especificidade do objeto do direito a satisfazer. Os meios executivos aplicam-se direta e especificamente sobre o objeto do direito exeqüendo, isto é, especificamente sobre a coisa devida. Tendem a oferecer ao credor precisamente o bem (coisa, serviço) que por ato do devedor deveria ter-lhe sido proporcionado", sendo que, não sendo possível a execução específica, restará ao credor "a conversão em pecúnia".

Assim, chama o Autor a atenção para o fato de que a execução específica está sujeita a três tipos de ações: a ação cominatória, ainda admitida pela melhor doutrina e com previsão nos arts. 287, 461 §§ 2º e 4º, 644 e 645 e respectivos parágrafos do CPC, destinada a pressionar o devedor a cumprir a obrigação por meio de pena pecuniária; a adjudicação compulsória, "cuja finalidade é compelir o promitente vendedor a transferir o domínio prometido, mediante sentença judicial substitutiva, "tendo por objeto, portanto, a transferência de direito ral sobre imóvel, e, ainda, a ação executiva de obrigação de fazer, prevista nos arts. 639 a 641 do CPC e que comporta "toda declaração de vontade inadimplida, seja ou não decorrente de contrato".

Interessante notar, contudo, que, na tutela específica relativamente às obrigações de fazer e de não fazer, se o credor fundamenta a sua pretensão no título extrajudicial, o processo de execução deverá ser lastreado nos art. 632 a 645 do CPC. Na hipótese do pedido não ter como lastro um título extrajudicial a demanda deverá seguir o rito do art. 461 do CPC cuja previsão estabelece o desenvolvimento da relação processual em duas fases. Conforme leciona *Alexandre Freitas Câmara*[17] em sua excelente obra:

"Haverá um primeiro módulo processual, de conhecimento, correspondente à primeira fase do processo. Nesse módulo processual, que se-

---

(17) *A nova execução de sentença*. Rio de Janeiro: Lumen/Juris Editora, 2007. p. 45.

guirá o procedimento comum (ordinário ou sumário, conforme o valor da causa), buscar-se-á a prolação de uma sentença que condene o réu a fazer ou não fazer (ou, ainda, a desfazer o que já tenha sido irregularmente feito). A partir do momento em que tal sentença condenatória passar a produzir efeitos, iniciar-se-á o segundo módulo processual, em que se dará o cumprimento da sentença.

Este segundo módulo processual é, pois, uma segunda fase do mesmo processo, e não um processo executivo autônomo, razão pela qual não deve haver citação da demanda para cumprir o julgado.

O art. 475-I do Código de Processo Civil é expresso em afirmar que o cumprimento das sentenças que imponham obrigação de fazer ou não fazer se faz na forma do disposto no art. 461, o que faz com que se dispense, pois, o processo executivo autônomo para a efetivação do comando contido nas sentenças que condenam a cumprir tais espécies de obrigação. Assim, o módulo processual de cumprimento da sentença se desenvolverá no mesmo processo em que se desenrolou o módulo cognitivo, como uma fase complementar".

Conseqüentemente, objetivando expressar em poucas linhas a essência das idéias expressadas, finalizamos com a conclusão proposta em nosso "Relação Jurídica Tributária em Nível Lógico"[18] que resume a matéria aqui exposta:

"Em nível lógico, a extinção da relação jurídica tributária pode ser identificada pelo momento em que ocorre o cumprimento da prestação, ou, então, quando pelo seu não cumprimento, possibilita a atuação de uma conseqüência de direito (sanção). Nesse caso, a conseqüência de direito irá propiciar a instauração da fase em que, pela vontade do sujeito ativo, será o sujeito passivo submetido ao estágio da sujeição patrimonial, ou seja, a etapa da satisfação compulsória da obrigação que também fixa o termo extintivo da relação jurídica.

Assim, "cumprimento" e "conseqüência" são expressões cuja significação supõe uma correlatividade, ou como diz *Lourival Vilanova*, uma "recíproca relação formal de implicação", já que o cumprimento da obrigação encontra-se previsto no antecedente da norma primária e se materializa ao se realizar a conseqüência jurídica (eficácia jurídica), enquanto o não-cumprimento, sendo o antecedente de uma sanção, se manifesta pela atuação da conseqüência contida na norma secundária."

---

(18) Ob. cit., p. 84.

CONCLUSÃO

À primeira vista o estudioso da matéria poderia perguntar se as lições traduzidas neste Manual se aplicam ao campo do Direito como um todo ou se em outros ramos que compõem esse mesmo campo o fenômeno normativo se desenvolveria de forma diferente, especialmente se considerada a clássica divisão do direito em público e privado.

Segundo procuramos demonstrar, contudo, sendo o campo do Direito uno e indivisível, o que significa dizer que os ramos que o compõem se dividem, tão-somente, por conveniência didática, afigura-se-nos indiscutível que as noções aqui colocadas indicam que, evidentemente, a fenomenologia do Direito é incindível, o que equivale dizer que, ao nos referirmos ao Direito Civil, Penal, Comercial e outros, que dão origem ao direito material, além do Direito Processual Civil, Penal e do Trabalho seguem a mesma dinâmica aqui estabelecida, o que, segundo nossa ótica, justifica, plenamente, o presente trabalho.

Nesse contexto, filiamo-nos à doutrina que sustenta o fato de que, sendo una a jurisdicção, o direito processual ou instrumental que torna possível a eficácia do direito material, em caso de descumprimento da obrigação do sujeito passivo do vínculo, também é uno, porque composto dos mesmos princípios e garantias constitucionais que lastreiam o seu mecanismo de atuação.

No mesmo sentido os ensinamentos de *Antonio Carlos A. Cintra, Ada Pellegrini Grinover* e *Cândido Dinamarco*[1] que defendem a seguinte tese: "O direito processual como um todo descende dos grandes princípios e garantias constitucionais pertinentes e grande bifurcação entre processo civil e processo penal correspondente apenas a exigências pragmáticas relacionadas com o tipo de normas jurídico-substanciais a atuar.

Tanto é assim, que nos domínios do Direito Comparado já se podem invocar exemplos de regulamentação unitária do Direito Processual Civil com o Direito Processual Penal, em um só Código (*Codex iuris canonici*, de 1917; Código Processual sueco de 1942; Código do Panamá e Código de Honduras; Código unitário do Uruguai, 1988).

A própria Constituição Federal, discriminando a competência legislativa da União e dos Estados (concorrente), refere-se ao Direito Processual, unitaria-

---

(1) *Teoria geral do processo*. 9. ed. São Paulo: Malheiros, 1992. p. 47/48.

mente considerado, de modo a abranger o Direito Processual Civil e o Direito Processual Penal (art. 22, inc. 1 e 24, inc. XI). E, com efeito, os principais conceitos atinentes ao Direito Processual como os de jurisdição, ação defesa e processo, são comuns àqueles ramos distintos, autorizando assim a elaboração científica de uma *teoria geral do processo*. Pense-se, ainda, nas noções de defesa, coisa julgada, recurso, preclusão, competência, bem como nos princípios do contraditório, do juiz natural, do duplo grau da jurisdição — que são correntes, em igual medida, em ambos os campos do Direito Processual. Aliás, a unidade funcional do processo revela-se inequivocamente na recíproca interferência entre jurisdição civil e jurisdição penal, decorrente, de um lado, da aplicação do princípio da economia processual (repelir a duplicação de atividades para atingir um único objetivo), — e, de outro, da idéia de que há conveniência em evitar decisões judiciais contraditórias sobre a mesma situação de fato.

Obviamente, a unidade fundamental do Direito Processual não pode levar à falsa idéia da identidade entre cada um de seus ramos distintos. Conforme a natureza da pretensão sobre a qual incide, o processo será civil ou penal. Processo penal é aquele que apresenta, em um dos seus pólos contrastantes, uma pretensão punitiva do Estado. E o civil, por seu turno, é o que não é penal e por meio do qual se resolvem conflitos regulados não só pelo Direito Privado, como também pelo Direito Constitucional, Administrativo, Tributário, Trabalhista etc. Disciplinando um e outro processo, temos respectivamente o Direito Processual Civil e o Direito Processual Penal, cujas normas espelham as características próprias dos interesses envolvidos no litígio civil e na controvérsia penal. Note-se, por último, que tais características se esbatem e quase se desvanecem no campo do chamado processo civil "inquisitório", que gira em torno de interesses indisponíveis, e da ação penal privada, que se prende a interesses disponíveis da vítima.

No exato sentido da conclusão aqui exposta, o AgRg no AI n. 698.137/RS — Rel. Min. Nilson Naves — j. 5.12.06 (Boletim AASP n. 2.522, de 13.5.07 — Ement. 1.355):

MULTA CRIMINAL. Pena privativa de liberdade (cumprimento integral) — Punibilidade (extinção) — Multa criminal (inadimplemento) — Cobrança (execução fiscal) — Caráter extrapenal (Lei n. 9.268/96).

1 — Com o advento da Lei n. 9.268/1996, a multa criminal passou a ser considerada dívida de valor, devendo ser cobrada por meio de execução fiscal, no juízo especializado para a cobrança da dívida, e não no da vara de execuções penais. 2 — Com a nova redação do art. 51 do Código Penal, ficaram revogadas as hipóteses de conversão da multa em pena privativa de liberdade. Tal circunstância, só se pode atribuir à multa o caráter extrapenal. 3 — No caso, cumpriu-se integralmente a pena privativa. Assim, ainda que pendente de pagamento a multa, há de se declarar extinta a punibilidade penal. 4 — Agravo Regimental improvido."

Para finalizar, lembramos a lição de *Clóvis V. do Couto e Silva*[2] que em 1964 em sua Defesa de Tese, obra que somente agora obteve o seu devido reconhecimento, assim colocou o tema ora desenvolvido neste Manual:

Com a expressão "obrigação como processo", tenciona-se sublinhar o ser dinâmico da obrigação, as várias fases que surgem no desenvolvimento da relação obrigacional e que entre si se ligam com interdependência.

De certa forma tinha presente *Philipp Heck* essa concepção, ao caracterizar o evoluir do *vinculum obligationis* como o "programa da obrigação".

Karl Larenz chegou mesmo a definir a obrigação como um processo embora no curso de sua exposição não se tenha utilizado, explicitamente, desse conceito.

A obrigação, vista como processo, compõe-se, em sentido largo, do conjunto de atividades necessárias à satisfação do interesse do credor. Dogmaticamente, contudo, é indispensável distinguir os planos em que se desenvolve e se adimple a obrigação. Os atos praticados pelo devedor, assim como os realizados pelo credor, repercutem no mundo jurídico, nele ingressam e são dispostos e classificados segundo uma ordem, atendendo-se aos conceitos elaborados pela teoria do direito. Esses atos, evidentemente, tendem a um fim. E é precisamente a finalidade que determina a concepção da obrigação como processo. (grifos deste Autor)

---

(2) *A obrigação como processo*. Rio de Janeiro: FGV-Editora, 2007. p. 20.

BIBLIOGRAFIA

ARAGÃO, E. D. Moniz de. *Comentários ao Código de Processo Civil*. 3. ed. II V. Rio de Janeiro: Forense, 1979.

ARMELIN, Donaldo. *Legitimidade para agir no direito processual civil brasileiro*. São Paulo: Rev. Trib., 1979.

ASSIS, Araken de. *Cumulação de ações*. 1. ed. 2. tiragem São Paulo: Rev. Trib., 1989.

_____ . *Manual do processo de execução*. São Paulo: Rev. Trib., 1995.

BECKER, Alfredo Augusto. *Teoria geral do direito tributário*. São Paulo: Saraiva, 1972.

BOBBIO, Norberto. *Teoria da norma jurídica*. São Paulo: Edipro-Edições Profissionais, 2001.

BORGES, José Souto Maior. *Lei complementar tributária*. São Paulo: Educ., 1975.

BORGES, Wilson Hilário. *Decisão social e decisão jurídica* — Uma teoria crítico-historicista. São Paulo: Germinal Editora, 2000.

BUZAID, Alfredo. *Agravo de petição no sistema do Código de Processo Civil*. São Paulo: Saraiva, 1956.

CÂMARA, Alexandre Freitas. *A nova execução de sentença*. Rio de Janeiro: Lumen/Juris Editora, 2007.

CARVALHO, Paulo de Barros. *Fundamentos jurídicos da incidência*. São Paulo: Saraiva, 1998.

CINTRA, Antonio Carlos Araújo; GRINOVER, Ada Pellegrini; DINAMARCO, Cândido Rangel. *Teoria geral do processo*. São Paulo: Malheiros Editores, 1992.

DE SANTI, Eurico Marcos Diniz. *Decadência e prescrição no direito tributário*. São Paulo: Max Limonad, 2000.

DINAMARCO, Cândido Rangel. *Teoria geral do processo*. 9. ed. São Paulo: Malheiros, 1992.

DINIZ, Maria Helena. *Curso de direito civil brasileiro*. 20. ed. São Paulo: Saraiva, 2003.

GUERRA, Marcelo Lima. *Execução forçada* — Controle de admissibilidade. São Paulo: Rev. Trib., 1995.

IRIBARNE, Esther Aguinsky de. *Fenomenologia y ontologia jurídica*. Buenos Aires: Ed. Pannedile, 1971.

JOLIVET, Régis. *Curso de filosofia*. 9. ed. Rio de Janeiro: Agir Editora, 1968.

_____ . *Vocabulário de filosofia*. Rio de Janeiro: Agir Ed., 1975.

KELSEN, Hans. *Teoria pura do direito*. 4. ed. Coimbra: Armênio Amado Editor, 1976.

_____ . *Teoria geral do direito e do estado*. São Paulo: M. Fontes, 1998.

MARINONI, Luiz Guilherme; ARENHART, Sérgio Cruz. *Manual do processo de conhecimento*. 5. ed. São Paulo: Rev. Trib., 2006.

MARQUES, José Frederico. *Manual de direito processual civil*. 1. ed. Saraiva, 1978.

_____ . *Instituições de direito processual civil*. V. I. Rio de Janeiro: Forense, 1958.

MARTINS-COSTA, Judith. *O novo Código Civil* — Estudos em homenagem ao prof. Miguel Reale. São Paulo: LTr, 2003.

MEIRELLES, Hely Lopes. *Direito administrativo brasileiro*. 6. ed. São Paulo: Rev. Tribunais, 1978.

MELLO, Celso Antonio Bandeira de. *Ato administrativo e direitos dos administrados*. São Paulo: Rev. Trib., 1981.

_____ . *Elementos de direito administrativo*. São Paulo: Ed. RT, 1981.

MELLO, Marcos Bernardes de. *Teoria do fato jurídico* — Plano de existência. São Paulo: Saraiva, 2007.

MELLO, Oswaldo Aranha Bandeira de. *Princípios gerais de direito administrativo*. 2. ed. V. I. Rio de Janeiro: Forense, 1979.

MIRANDA, Pontes de. *Tratado de direito privado*. 4. ed. São Paulo: RT, 1972.

MONTEIRO, Washington de Barros. *Curso de direito civil*. 4º V. Direito das Obrigações, 1ª Parte. São Paulo: Saraiva, 1979.

MONTORO, André Franco. *Apostila do curso de teoria geral do direito* — Programa de pós-graduação em direito.

NERY JÚNIOR, Nelson; NERY, Rosa Maria de Andrade. *CPC comentado e legislação extravagante*. 9. ed. São Paulo: Rev. Trib., 2006.

PEDROSO, Antonio Carlos de Campos. *Normas jurídicas individualizadas*. São Paulo: Saraiva, 1993.

PEREIRA, Caio Mário da Silva. *Instituições*. v. 1, 5. ed. Rio de Janeiro: Forense, 1981.

REALE, Miguel. *Filosofia do direito*. V. II. São Paulo: Saraiva, 1962.

SANTOS, Moacir Amaral. *Primeiras linhas de direito processual civil*. 12. ed. São Paulo: Saraiva, 1985.

SCHEREIER, Fritz. *Conceitos e formas fundamentais do direito*.

SHIMURA, Sérgio. *Título executivo*. São Paulo: Saraiva, 1977.

SICHES, Luis Recasens. *Estudios de filosofia del derecho*. Barcelona: Bosch Casa Editoria, 1936.

SILVA, Clóvis V. do Couto e. *A obrigação como processo*. Rio de Janeiro: FGV-Editora, 2007.

SILVA, José Afonso da. *Aplicabilidade das normas constitucionais*. 2. ed. São Paulo: Rev. Trib.

_____ . *Execução Fiscal*, São Paulo: Rev. Trib. 2. ed. 1976.

SILVA, Ovídio A. Baptista da. *Revista Brasileira de Direito Processual*. Rio de Janeiro: Forense, v. 37.

_____ . Curso de Processo Civil, São Paulo: *Rev. Trib.*/2001.

TELLES JÚNIOR, Goffredo. *Direito Quântico*. São Paulo: Ed. Max Limonad, 1980.

THEODORO JÚNIOR, Humberto. *Processo cautelar*. São Paulo: EUD — Ed. Univ. de Direito, 1985.

TUCCI, Rogério Lauria. *Do julgamento conforme o estado do processo*. São Paulo: Saraiva, 1988.

VERNENGO, Roberto J. *Curso de teoria general del derecho*. Buenos Aires: Depalma, 1986.

VILANOVA, Lourival. *Causalidade e relação no direito*. 2. ed. São Paulo: Saraiva, 1989.

ZAVASCKI, Teori Albino. *Processo de execução*. São Paulo: Rev. Trib., 2004.

_____ . *Título executivo e liquidação*. São Paulo: Rev. Tribunais, 1999.